财务实战专家一点通

出纳业务那点事

米国玮　编著

内 容 提 要

本书以新颖的版式和通俗易懂的语言全面阐述了“出纳职权”、“出纳工作流程”、“出纳凭证”、“出纳报告”等内容，为出纳新手破解上手难的问题，使出纳新手一看就会，一用就灵。从全新的角度介绍在出纳日常工作中的应用，具有很强的实用性和可操作性，可以帮助出纳人员快速高效地完成各项工作。

全书共10章，主要介绍出纳员的职业定位、出纳应掌握的工作流程、出纳应具备的财务知识、凭证、出纳账簿、现金管理、出纳结算、企业纳税概述、出纳税务知识以及关于避税等内容。在编写过程中，全书努力做到理论讲解与会计实务相结合，理论讲解全面系统，实务内容安排得当，语言通俗易懂，适合出纳人员阅读，对其他财务人员也具有一定的指导作用，亦可作为财务人员进行专业培训的参阅读本。

本书主要针对准备从事出纳职业的零基础人员或是从事出纳职业的企业工作人员。

图书在版编目（CIP）数据

出纳业务那点事 / 米国玮编著. -- 北京 : 中国水利水电出版社, 2012.9
（财务实战专家一点通）
ISBN 978-7-5170-0054-9

Ⅰ. ①出… Ⅱ. ①米… Ⅲ. ①出纳 Ⅳ. ①F233

中国版本图书馆CIP数据核字(2012)第185525号

策划编辑：杨庆川 陈 洁　　责任编辑：陈 洁　　加工编辑：周连波

书 名	财务实战专家一点通 **出纳业务那点事**
作 者	米国玮 编著
出版发行	中国水利水电出版社 （北京市海淀区玉渊潭南路1号D座 100038） 网址：www.waterpub.com.cn E-mail：mchannel@263.net（万水） sales@waterpub.com.cn 电话：（010）68367658（发行部）、82562819（万水）
经 售	北京科水图书销售中心（零售） 电话：（010）88383994、63202643、68545874 全国各地新华书店和相关出版物销售网点
排 版	北京万水电子信息有限公司
印 刷	北京蓝空印刷厂
规 格	170mm×240mm 16开本 13.75印张 216千字
版 次	2012年8月第1版 2012年8月第1次印刷
印 数	0001—4000册
定 价	28.00元

Preface
前　言

出纳主要的工作内容是什么，出纳应掌握怎样的专业知识，在工作中应具备哪些素质以及工作技能和技巧，这些琐碎的工作又是怎样的一个流程……对于新手来说，这些是比较纠结的问题。

鉴于以上的问题，笔者结合自己工作中的经验和心得体会，花费了近半年的时间写作本书并一一做出解答。在解答的过程中，运用了很多实例，使解答的过程不空洞且不脱离实际工作，对于出纳新人对出纳这个职业的认识，对于出纳在工作中遇到的问题以及出纳在其职业规划中应具备的专业知识和素质等，都有着很强的指导意义。希望各位读者能在本书的引领下跨入财务大门，成为一名职业财务人。

本书特色

1．权威性

作者长期从事基础会计方面的工作，对会计实践中可能遇到的难点、重点一一做出解答，内容由浅入深，易于上手。

2．应用性强

本书强调“实用”二字，所阐述的内容全部为出纳日常工作中的基础知识，同时附有大量例题，给予财务人员以切实的指导与帮助。

3．知识同步

由于实行新版《企业会计准则》会带来一些新的问题，作者在解释这些方面的会计知识时，力求做好新旧知识的衔接。

4．例题有针对性

本书各章后附有针对性例题，对于体会书中的基础知识，会起到良好的巩固作用。

5. 内容新颖

本书内容高度浓缩、详略得当，尽显现代财务知识的精髓；实例、图表的选择合理，循序渐进，让读者轻松理解。

本书内容及体系结构

第 1 章　出纳员的职业定位

通过阅读本章，您将了解到什么是出纳，出纳工作的原则和职能，出纳人员怎样与人打交道等，使读者认识到作为一名出纳需要做什么。

第 2 章　出纳应掌握的工作流程

本章主要内容包括：出纳的日常工作内容、工作的基本要求和规范、出纳账务处理程序以及交接程序。通过本章的学习，读者可以掌握出纳的基本工作内容。

第 3 章　出纳应具备的财务知识

本章主要内容包括：会计基础理论、复式记账及其应用以及财务中的一些最常用的名词等。通过本章的学习，读者可以掌握会计的一些基础知识。

第 4 章　凭证

本章主要内容包括：会计凭证的分类、原始凭证基础理论、记账凭证基础理论。通过本章的学习，读者可以掌握怎样制作会计凭证。

第 5 章　出纳账簿

本章主要内容包括：怎样填写出纳账簿、出纳日记账、出纳银行存款日记账等。通过本章的学习，读者可以掌握在工作中怎样规范地填写账簿。

第 6 章　现金管理

本章主要内容包括：现金管理规定、现金的使用、财务用品的保管。通过本章的学习，读者可以掌握出纳的现金具体操作流程、备用金的使用流程等，还有财务用品的保管规定。

第 7 章　出纳结算

本章主要内容包括：支票结算、本票结算、银行汇票结算、商业汇票结算、汇兑结算、委托收款结算、托收承付结算、信用卡结算、国际结算等。通过本章的学习，读者可以全面了解各种结算的基础知识、操作流程及注意事项。

第 8 章　企业纳税概述

本章主要内容包括：税务的定义、纳税人的权利和义务、纳税流程等。通过本章的学习，读者可以了解到一些基本的纳税理论，对纳税有个初步的认识。

第 9 章　出纳税务知识

本章主要内容包括：增值税、消费税、营业税、个人所得税、企业所得税、车船税、城市维护建设税、资源税、土地增值税的基础知识等。通过本章的学习，读者可以了解到最常用税种的纳税流程及计算方法。

第 10 章　关于避税

本章主要内容包括：混合销售中的各种避税行为、减少销售税额的避税、成本方面的避税行为、根据税种特点进行的避税行为等。通过本章的学习，读者可以知道避税的一些小常识。

本书读者对象

- 财务工作者
- 在校大学生
- 企业管理层
- 继续教育和专业培训机构以及对财务知识感兴趣的读者

本书由米国玮组织编写，同时参与编写的还有李延琨、林家昌、刘林建、孟富贵、彭自强、孙雪明、王世平、文明、徐增年、银森骑、张家磊、张瑾瑜、周伟杰、朱玲、张悦，再次一并表示感谢。

编者

2012 年 2 月

Contents
目 录

第二篇 出纳实务

第9章 "学无止境"——出纳税务知识 165

第一篇

出纳常识

本篇内容从新手应掌握的出纳基础知识入手，对出纳的主要工作、职能、内容进行了阐述，层层深入地介绍了出纳应掌握的基本业务知识、专业技能，以及对出纳职业的规划做了详细的介绍。

第1章

“高谈阔论”——出纳员的职业定位

作为一名出纳人员，要做好出纳工作，必须加强业务学习，参加职业培训，不断更新会计知识，熟练使用现代化办公用具，在实践中不断探索、积累经验，掌握出纳工作的技能。

1.1 出纳的定义

出纳作为会计名词，在不同场合有着不同的涵义和内容。就字面而言，“出”即支出，“纳”即收入；就内容来看，包括两层意思：一是出纳工作，二是出纳人员。

1.1.1 什么是出纳工作

出纳工作，顾名思义，出即支出，纳即收入。出纳工作是管理货币资金、票据、有价证券进进出出的一项工作，图 1-1 是出纳工作定义图。

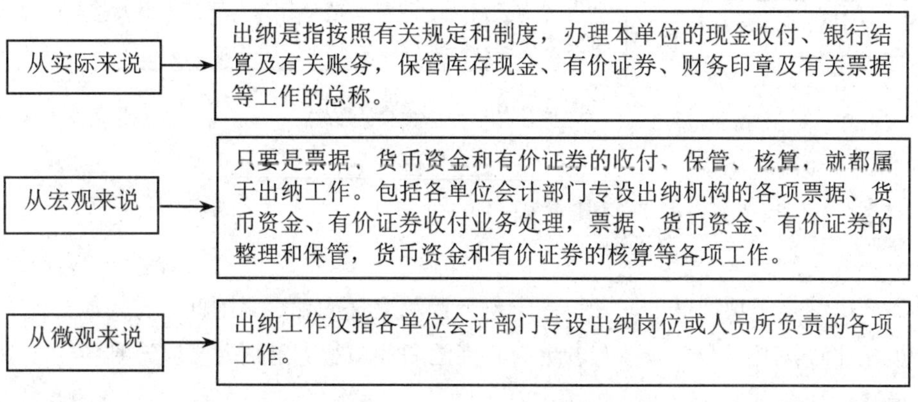

图 1-1 出纳工作定义图

1.1.2 什么是出纳人员

出纳人员，指会计部门的出纳工作人员，也包括各单位业务部门的各类收款员。

1.2 出纳的职业规划

出纳人员在不断的工作和实践中，知识结构、业务技能、思想道德、人际交往等各个方面都可以得到充实和发展。在做好本职工作的同时，出纳人员可以树立更远大的目标，为自己的未来职业生涯规划一个蓝图，不断发展和完善自己。尤其是一些综合素质比较高的财务人员，在出纳这个基础岗位做得久了，可以向财会行业的更高层发展。出纳人员有两种职业发展方向，如图 1-2 所示。

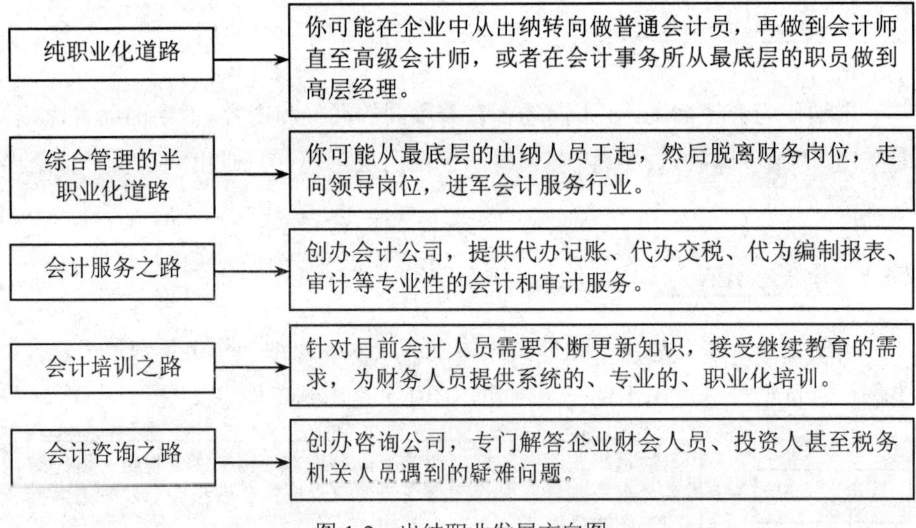

图 1-2 出纳职业发展方向图

1.3 出纳的职业精神

出纳是一项特殊的职业，由于整天接触大量的现金，因此，与其他会计人员相比较，出纳人员应当有着更为高尚的职业道德。出纳人员应该具备的职业道德，如图 1-3 所示。

(1) 出纳人员应该热爱本职工作，努力钻研业务，使自己的知识和技能适应所从事工作的要求。

↓

(2) 出纳人员应该熟悉财经法律、法规、规章和国家统一会计制度，并结合会计工作进行广泛宣传。

↓

(3) 出纳人员应该按照会计法律。法规和国家统一会计制度规定的程序和要求进行会计工作，保证提供的会计信息合法、真实、准确。

↓

(4) 出纳人员在办理出纳事务中，还应当实事求是、客观公正、应当尽其所能，为改善单位的内部管理、提高经济效益服务。

↓

(5) 出纳人员应当保守本单位的商业秘密，除法律规定和单位领导同意外，不能私自向外界提供和泄露单位的会计信息。

图 1-3 出纳人员职业道德图

1.4 出纳的职能和原则

出纳是会计工作的重要环节，涉及现金收付、银行结算等活动，而这些又直接关系到职工个人、单位乃至国家的经济利益，工作出了差错，就会造成不可挽回的损失。因此，明确出纳人员的职责和权限，是做好出纳工作的基础条件。

1.4.1 出纳工作的职能

出纳工作，是财务工作的一个重要组成部分，从总的方面讲，其职能可概括为收付、反映、监督、管理四个方面。

1. 出纳的收付职能

企业经营活动总是涉及货物价款的收付、往来款项的收付，同时也涉及各种有价证券以及金融业务往来的办理，这些业务往来的现金、票据和金融证券的收付以及银行存款收付业务的办理，都必须经过出纳人员之手。

2. 出纳的反映职能

出纳要利用国家统一的货币计量单位，通过自己持有的现金与银行存款日记账、有价证券的各种明细分类账，对自己所在单位的货币资金和有价证券进行认真而详细的记录与核算，从而为经济管理和投资决策提供所需的全面而系统的经济信息。

3. 出纳的监督职能

出纳除了要对本单位的货币资金和有价证券进行详细的记录与核算，为经济管理和投资决策提供所需的全面而系统的经济信息，还要对企业的各种经济业务，特别是货币资金收付业务的合法性、合理性和有效性进行全过程的监督。

4. 出纳的管理职能

出对单位的货币资金与有价证券进行保管，对银行存款和各种票据进行管理，为企业投资决策提供金融信息，甚至有的企业的出纳人员还可以直接参与企业的方案评估、投资效益预测分析等。

1.4.2 出纳工作的原则

出纳工作的基本原则主要是指钱账分管原则，如图 1-4 所示。

出纳工作原则

- 会计机构内部应当建立稽核制度，出纳人员不得监管稽核，会计档案保管和收入、费用、债权债务账目的登记工作，凡是涉及款项和财务收付、结算及登记的任何一项，必须由两人或两人以上分工办理，起到相互制约的作用。
- 出纳人员是各单位专门从事货币资金收付业务的会计人员，根据复式记账原则，每发生一笔货币资金收付业务，必然引起收入、费用或债权债务等账簿记录的变化，如果把这些账簿登记工作都由出纳人员办理，会给贪污舞弊行为以可乘之机。
- 如果稽核、内部档案管理工作也由出纳人员经管，也难以防止营私舞弊行为的发生。债券、债务方面的账目，出纳还是可以承担一部分记账工作的。
- 钱账分管原则是出纳工作的一项重要原则，各单位都应该努力建立健全的财务制度，防止营私舞弊行为的发生。

图 1-4 出纳工作原则

1.5 出纳机构的设置和人员配备

作为财务工作运转不可分割的部分，出纳机构一般设置在会计机构内部。出纳人员配备的多少，取决于各单位出纳业务量的大小和繁简程度，要以业务需要为原则，既要满足单位工作的需要，又要避免出现徒具形式、人浮于事的现象。

1.5.1 出纳机构的设置

各单位根据会计业务的需要设置会计机构，或在有关机构中设置会计人员并指定会计主管人员。不具备条件的，可以委托经批准设立的会计咨询、服务机构进行代理记账。

会计法对各单位会计、出纳机构和人员的设置没有做出硬性规定，只是要求各单位根据业务需要来设定。各单位根据单位规模大小和货币资金管理的要求，结合出纳工作的繁简程度来设置出纳机构，如图 1-5 所示。

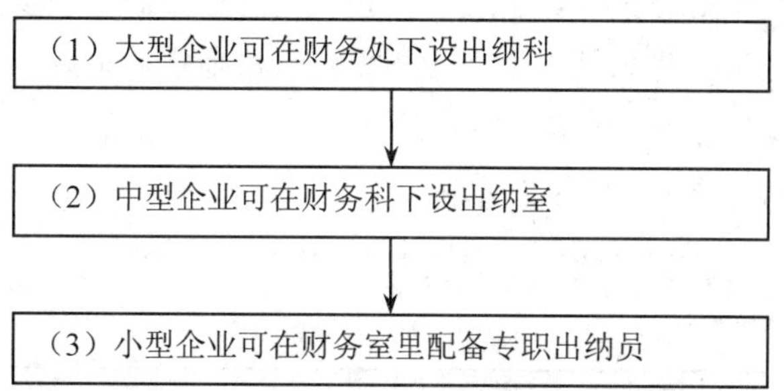

图 1-5 出纳机构设置图

1.5.2 出纳员的配备

实际上，实行独立核算的企业单位和在银行开户的行政、事业单位及有现金收入和支出业务的企业、行政事业单位都应配备专职或兼职出纳人员，负责本单位的出纳工作。

出纳人员的配备一般有以下几种形式，如图1-6所示。

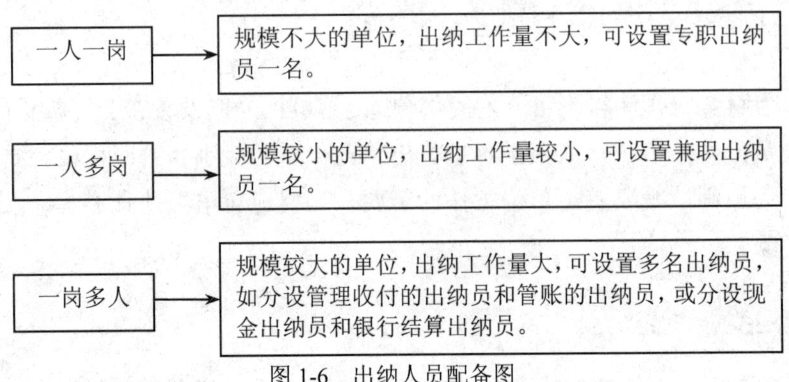

一人一岗
规模不大的单位，出纳工作量不大，可设置专职出纳员一名。
一人多岗
规模较小的单位，出纳工作量较小，可设置兼职出纳员一名。
一岗多人
规模较大的单位，出纳工作量大，可设置多名出纳员，如分设管理收付的出纳员和管账的出纳员，或分设现金出纳员和银行结算出纳员。

图1-6　出纳人员配备图

1.6　出纳人员怎样与财务部门其他人员相处

简单地说，出纳负责管理现金的收支，办理公司往来账款的银行业务，记录现金和银行日记账，而会计负责处理凭证，登记入账，提供与管理相关的财务数据，提供财务报表，会计负责企业经济业务的总括核算，为企业经济管理和经营决策提供总括的全面的核算资料，他们的关系是相辅相成且相互制约的。

会计和出纳的分工如图1-7所示。

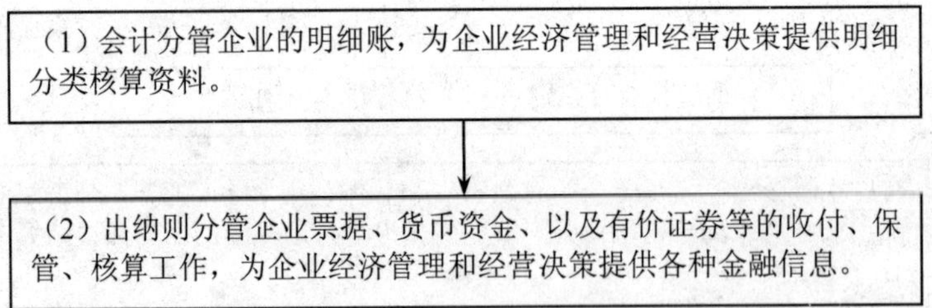

图1-7　会计与出纳的分工图

总的来讲，财务工作必须实行钱账分管。出纳人员不得兼管稽核和会计档案保管，不得负责收入、费用、债权债务等账目的登记工作，会计则不得管钱管物。

出纳与明细账会计、总账会计之间有着很强的关联性，他们核算的依据都是会计原始凭证和会计记账凭证。这些凭证必须在出纳、明细账会计、总账会

计之间按照一定的顺序传递，相互利用对方的核算资料，共同完成会计任务，如图 1-8 所示。

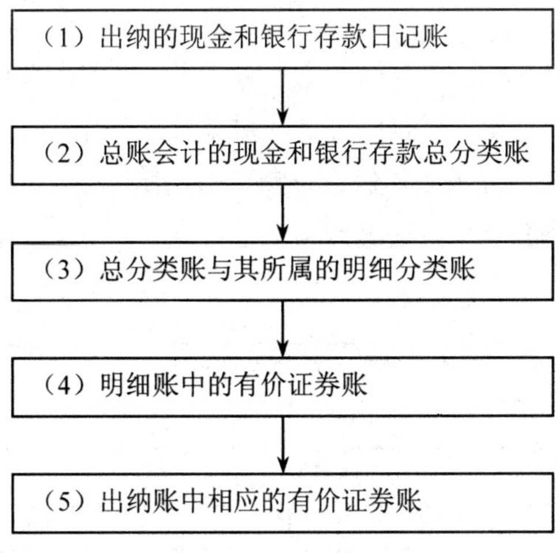

图 1-8　出纳与会计的相互性

1.7　出纳人员怎样与税务部门打交道

如何与税务部门的人员打交道，可以说是职业生涯里一件很重要的事情了，如果事情处理不好，就会对企业造成损失，但是如果学会了沟通技巧，做到有礼有节的话，那事情将会做得很完美。

其实税务部门并不像想象的那样不通情达理，因为毕竟是国家的政府部门，做事情要求非常严谨。对于这样的情况，出纳人员将如何去处理，如图 1-9 所示。

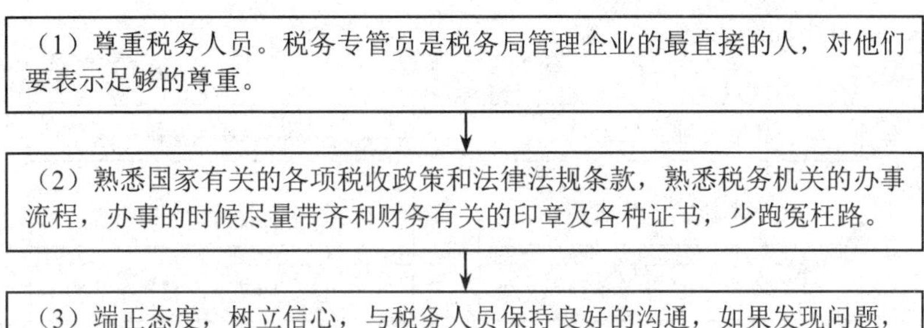

（1）尊重税务人员。税务专管员是税务局管理企业的最直接的人，对他们要表示足够的尊重。
（2）熟悉国家有关的各项税收政策和法律法规条款，熟悉税务机关的办事流程，办事的时候尽量带齐和财务有关的印章及各种证书，少跑冤枉路。
（3）端正态度，树立信心，与税务人员保持良好的沟通，如果发现问题，最好是在税务专管员这一层就沟通好，不要把事情办砸。

图 1-9　事务处理图

1.8 出纳人员怎样与银行打交道

在工作中，出纳人员与银行接触的机会最多。出纳人员在现金、银行存款、票据的收付和管理上，在与银行的各种支付结算业务中都不可避免地要与银行打交道。与银行建立良好关系，保证各项支付、结算业务的顺利进行，这些是出纳人员掌握的工作技能。但是怎样与银行打交道呢？我们需要注意什么呢？如图 1-10 所示。

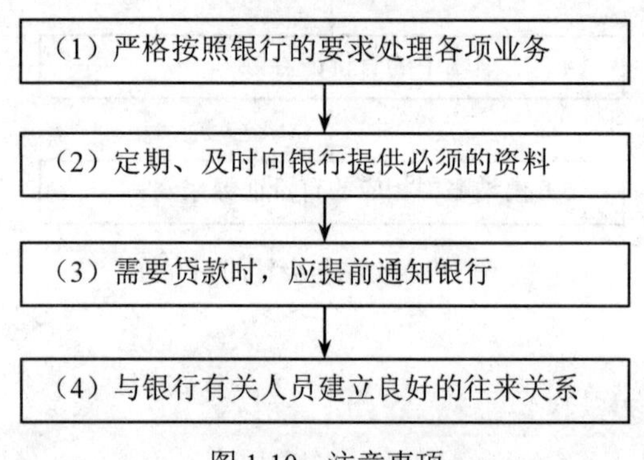

（1）严格按照银行的要求处理各项业务
（2）定期、及时向银行提供必须的资料
（3）需要贷款时，应提前通知银行
（4）与银行有关人员建立良好的往来关系

图 1-10　注意事项

1.9 出纳人员应熟悉的法律法规

出纳人员应当自觉地学习并熟悉与会计业务相关的法律法规，严格按照各种规章制度办事。要做好出纳工作的第一件事就是学习，了解、掌握财经法规和制度，提高自己的政策水平，要明白哪些该干，哪些不该干。出纳人员具体应掌握的法规如图 1-11 所示。

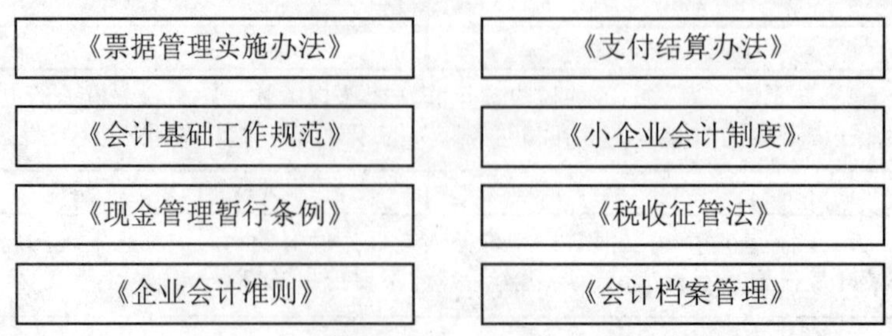

图 1-11　法规列表图

1.10 小结

本章可以说是这本书的一个开场白。写了这么多，无非就是在告诉大家，财务的最基础的工作是从出纳做起，然而，对于一些刚刚接触财务的人来说，可能还是一头雾水。首先，可能会误认为，“不就是财务嘛，算算账，跑跑银行就可以了”。其实，刚刚接触这个行业，是会有这种想法，但是如果想在一个行业迅速地成长，是需要一定的工作积累的，前 9 节之所以讲了这么多，无非是希望读者能从不同的角度来给自己在这个新领域里做一个深刻的定位，只有这样才能让自己快速成长，在这个行业能够多多深入地学习知识。

既然有了做财务的目标了，那么在第 2 章中，我们就来讲一讲，作为一名出纳人员，工作流程具体是什么样的。

第 2 章

“按部就班”——出纳应掌握的工作流程

作为一名出纳员必须严格遵循企业的出纳工作流程，才能确保单位的财务制度的顺利执行和财务安全。

2.1 出纳的日常工作内容

出纳人员的日常工作内容主要包括货币资金核算、往来结算、工资核算。下面具体讲解这三方面的内容。

2.1.1 货币资金核算

出纳的货币资金管理工作主要包括两个方面：一是日常货币资金收支业务的办理；二是上述收支业务的账务核算。具体来讲，主要包括五方面的内容，如图 2-1 所示。

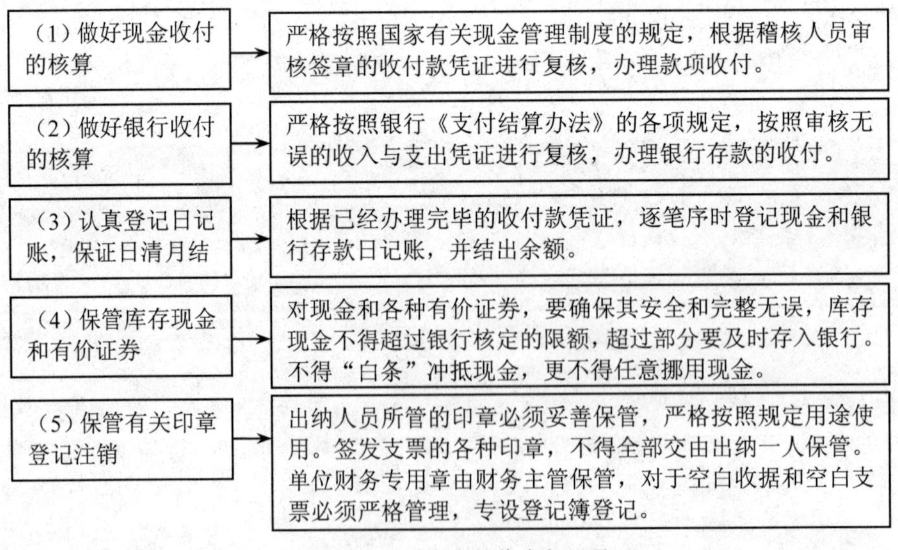

（1）做好现金收付的核算
严格按照国家有关现金管理制度的规定，根据稽核人员审核签章的收付款凭证进行复核，办理款项收付。
（2）做好银行收付的核算
严格按照银行《支付结算办法》的各项规定，按照审核无误的收入与支出凭证进行复核，办理银行存款的收付。
（3）认真登记日记账，保证日清月结
根据已经办理完毕的收付款凭证，逐笔序时登记现金和银行存款日记账，并结出余额。
（4）保管库存现金和有价证券
对现金和各种有价证券，要确保其安全和完整无误，库存现金不得超过银行核定的限额，超过部分要及时存入银行。不得“白条”冲抵现金，更不得任意挪用现金。
（5）保管有关印章登记注销
出纳人员所管的印章必须妥善保管，严格按照规定用途使用。签发支票的各种印章，不得全部交由出纳一人保管。单位财务专用章由财务主管保管，对于空白收据和空白支票必须严格管理，专设登记簿登记。

图 2-1 货币资金的收支与记录

2.1.2 往来结算

出纳除了对单位的货币资金进行核算外，往来结算也是出纳一项重要的工作内容，如图 2-2 所示。

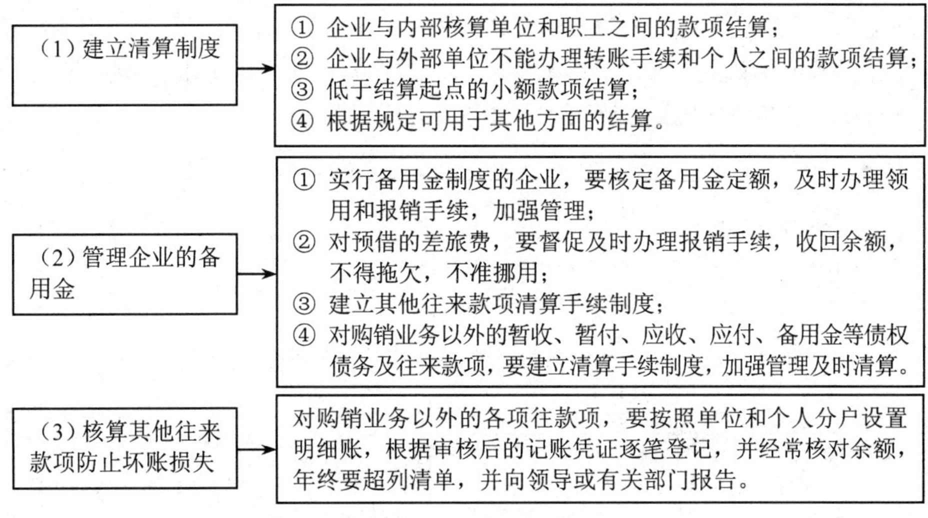

（1）建立清算制度
① 企业与内部核算单位和职工之间的款项结算；
② 企业与外部单位不能办理转账手续和个人之间的款项结算；
③ 低于结算起点的小额款项结算；
④ 根据规定可用于其他方面的结算。
（2）管理企业的备用金
① 实行备用金制度的企业，要核定备用金定额，及时办理领用和报销手续，加强管理；
② 对预借的差旅费，要督促及时办理报销手续，收回余额，不得拖欠，不准挪用；
③ 建立其他往来款项清算手续制度；
④ 对购销业务以外的暂收、暂付、应收、应付、备用金等债权债务及往来款项，要建立清算手续制度，加强管理及时清算。
（3）核算其他往来款项防止坏账损失
对购销业务以外的各项往款项，要按照单位和个人分户设置明细账，根据审核后的记账凭证逐笔登记，并经常核对余额，年终要超列清单，并向领导或有关部门报告。

图 2-2 往来结算图

2.1.3 工资核算

工资核算是出纳又一项重要的日常工作，由于它涉及单位员工的利益，因此出纳在做这项工作的时候尤其需要谨慎。一般来说，工资核算的内容可以归纳为以下几点，如图 2-3 所示。

（1）根据单位批准的工资计划，经人力资源管理部门同意，严格按照规定掌握工资和奖金的支付，分析工资计划的执行情况。

（2）根据实际职工人数、工资等级和工资标准，审核工资奖金计算表，办理代扣款项，计算实发工资。

（3）按照单位各部门归类，编制工资、奖金汇总表，填制记账凭证，经审核后，会同有关人员提取现金，并发放工资。

（4）发放的工资和奖金，必须由领款人签名或盖章，发放完毕，要及时将工资和奖金计算表附在记账凭证后或单独装订成册，并注明记账凭证编号，妥善保管。

（5）按照工资总额的组成和支付工资的来源，进行明细核算，根据管理部门的要求，编制有关工资总额报表。

图 2-3 工资核算内容

2.2 出纳日常工作的基本要求

出纳工作要求出纳员要有全面精通的政策水平，熟练高超的业务技能，严谨细致的工作作风。不以规矩，不成方圆，出纳工作设计的“规矩”很多，要做好出纳工作的第一件大事就是学习，了解账务财经法规和制度，提高自己的政策水平。具体要做到以下五点，如图 2-4 所示。

政策水平
熟悉各种会计制度、税收管理制度等财务规定，出纳人员只有刻苦掌握了政策法规和制度，明白了自己哪些该做哪些不该做，工作起来就会得心应手了。

业务技能
作为专职出纳人员，不但要具备处理一般会计事务的财会专业基本知识，还要具备较高的处理出纳事务的出纳专业知识水平和较强的数字运算能力。

工作作风
要做好出纳工作，首先要热爱出纳工作，要有严谨细致的工作作风和职业习惯，作风的培养在成就事业方面至关重要，出纳每天和金钱打交道，稍有不慎就会造成意想不到的损失，出纳员必须养成与出纳职业相符合的工作作风。

安全意识
现金、有价证券、票据、各种印鉴，既要有内部的保管分工，各负其责，并相互牵制，也要有对外的保安措施；出纳人员既要密切配合保安部门的工作，更要增强自身的保安意识，学习保安知识，包保护自身分管的公共财产物资的安全完整作为自己的首要任务来完成。

道德修养
出纳人员必须具备良好的职业道德修养，要热爱本职工作、敬业、精业；要科学理财，充分发挥资金的使用效益；要遵纪守法，严格监督，并且以身作则，要洁身自好，不贪，不占公家便宜，要实事求是，真实客观地反映积极活动的本来面目。

图 2-4　出纳日常工作基本要求

2.3 出纳日常工作规范

规范出纳工作，要求出纳人员自觉做到五条原则，坚持这些原则，就能保证出纳工作的效率和质量，有利于整顿工作秩序，规范基础工作。出纳日常工

作规范，如图 2-5 所示。

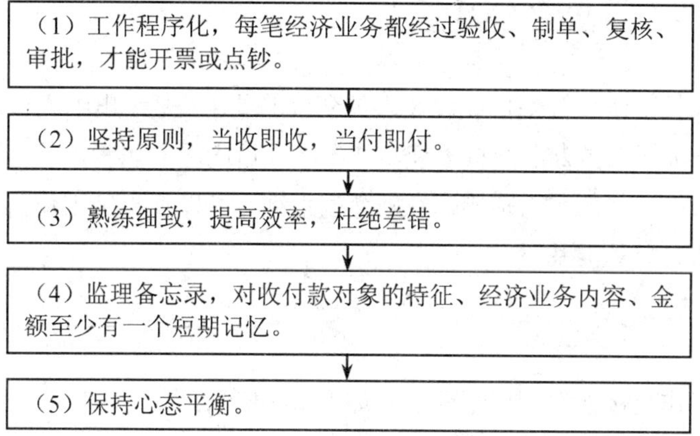

（1）工作程序化，每笔经济业务都经过验收、制单、复核、审批，才能开票或点钞。
（2）坚持原则，当收即收，当付即付。
（3）熟练细致，提高效率，杜绝差错。
（4）监理备忘录，对收付款对象的特征、经济业务内容、金额至少有一个短期记忆。
（5）保持心态平衡。

图 2-5　出纳日常工作规范

2.4　出纳账务处理程序

出纳人员的账务处理相对而言较为简单，其程序与会计处理基本一致。具体账务处理程序如图 2-6 所示。

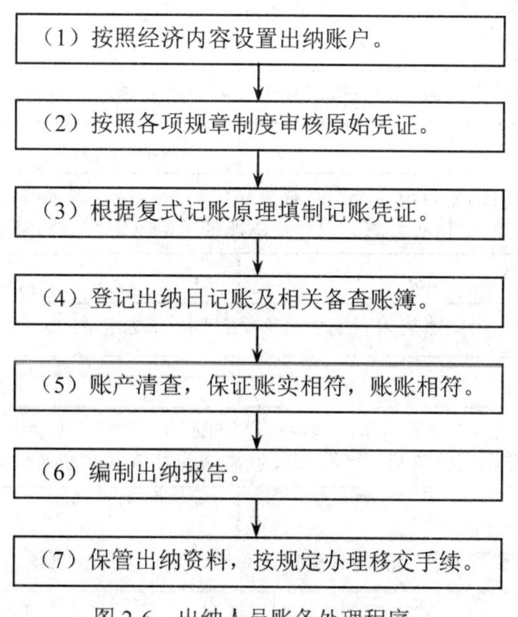

（1）按照经济内容设置出纳账户。
（2）按照各项规章制度审核原始凭证。
（3）根据复式记账原理填制记账凭证。
（4）登记出纳日记账及相关备查账簿。
（5）账产清查，保证账实相符，账账相符。
（6）编制出纳报告。
（7）保管出纳资料，按规定办理移交手续。

图 2-6　出纳人员账务处理程序

2.5 出纳工作的交接手续

出纳人员工作交接要按照会计人员交接的要求进行。出纳人员调动工作或离职时，与接管人员办清交接手续，是出纳人员应尽的职责，也是分清移交人员与接管人员责任的重大措施。办好交接手续，可以使出纳工作前后衔接，防止账目不清、财务混乱。

2.5.1 出纳工作交接的两点要求

出纳工作交接要做到以下两点，如图 2-7 所示。

（1）移交人员与接管人员要办清手续

（2）交换过程中要有专人负责监交

图 2-7 出纳交接两点要求

2.5.2 出纳人员交接的三个阶段

（1）做好交接准备，如图 2-8 所示。

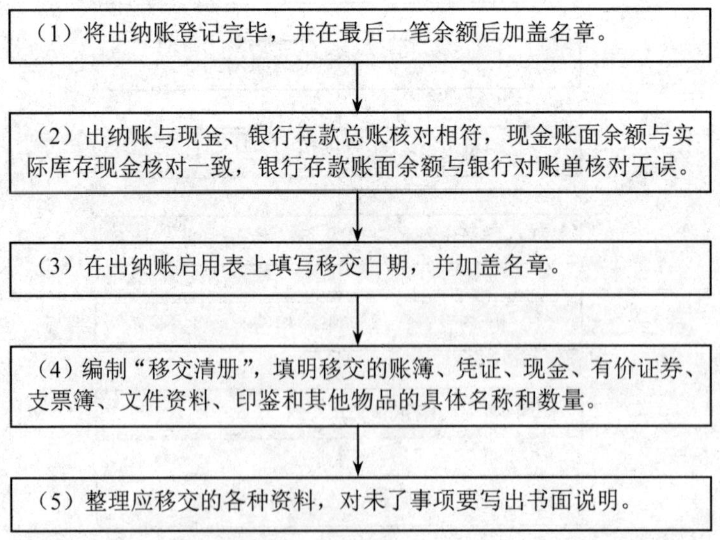

（1）将出纳账登记完毕，并在最后一笔余额后加盖名章。
（2）出纳账与现金、银行存款总账核对相符，现金账面余额与实际库存现金核对一致，银行存款账面余额与银行对账单核对无误。
（3）在出纳账启用表上填写移交日期，并加盖名章。
（4）编制“移交清册”，填明移交的账簿、凭证、现金、有价证券、支票簿、文件资料、印鉴和其他物品的具体名称和数量。
（5）整理应移交的各种资料，对未了事项要写出书面说明。

图 2-8 交接的准备

（2）出纳人员的离职交接，必须在规定的期限内，向接交人员移交清楚。接交人员应认真按移交清册当面点收，如图 2-9 所示。

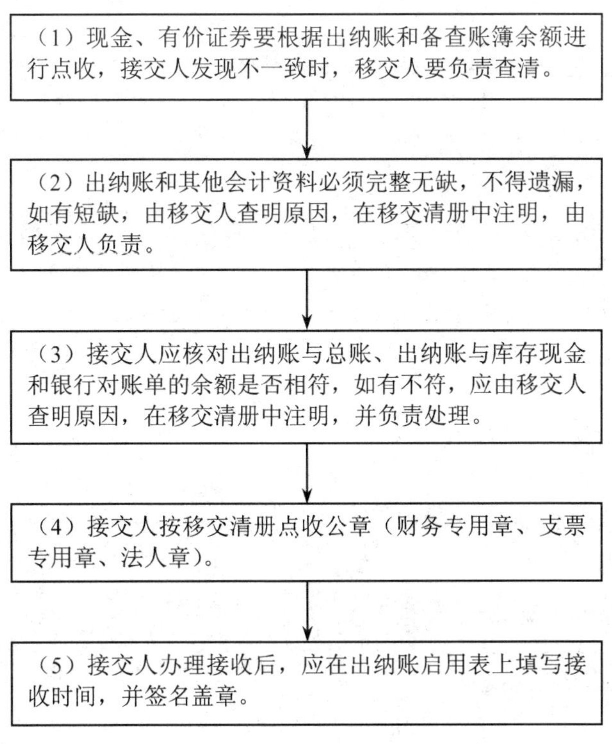

（1）现金、有价证券要根据出纳账和备查账簿余额进行点收，接交人发现不一致时，移交人要负责查清。
（2）出纳账和其他会计资料必须完整无缺，不得遗漏，如有短缺，由移交人查明原因，在移交清册中注明，由移交人负责。
（3）接交人应核对出纳账与总账、出纳账与库存现金和银行对账单的余额是否相符，如有不符，应由移交人查明原因，在移交清册中注明，并负责处理。
（4）接交人按移交清册点收公章（财务专用章、支票专用章、法人章）。
（5）接交人办理接收后，应在出纳账启用表上填写接收时间，并签名盖章。

图 2-9　出纳人员的离职交接

（3）交接完毕后，交接双方和监交人，要在移交清册上签名或盖章。移交清册必须具备的条件和移交清册的格式，分别如图 2-10、图 2-11 所示。

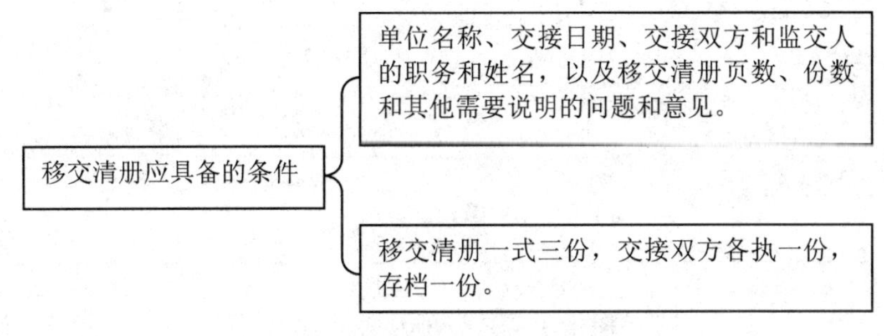

移交清册应具备的条件
单位名称、交接日期、交接双方和监交人的职务和姓名，以及移交清册页数、份数和其他需要说明的问题和意见。
移交清册一式三份，交接双方各执一份，存档一份。

图 2-10　移交清单册必备的条件

移交清册

因原出纳人员________离职，财务处已决定将出纳工作移交给_______接管。现办理如下交接手续：

一、交接日期：_____年____月____日。

二、具体业务的移交：

1、库存现金：_____月____日账面余额____元，实存相符，月记账余额与总账相符。

2、库存国库券：___________元，经核对无误。

3、银行存款余额__________万元，经编制“银行存款余额调节表”核对相符。

三、移交的会计凭证、账簿、文件：

1、本年度现金日记账____本。

2、本年度银行存款日记账____本。

3、空白现金支票____张（_________号至_________号）。

4、空白转账支票____张（_________号至_________号）。

四、印鉴：

1、_________________________公司财务处转讫印章一枚。

2、_________________________公司财务处现金收讫印章和付讫印章各一枚。

五、交接前后工作责任的划分：

____年____月____日前的出纳责任事项由______负责；

____年____月____日起的出纳工作由______负责。

以上移交事项均经交接双方认定无误。

六、本交接书一式三份，双方各执一份，存档一份。

移交人：____________

接管人：____________

监交人：____________

财务处：（盖章）

公司名称

年　　月　　日

图 2-11　移交清册格式

2.6　出纳移交手续后的责任

出纳交接工作结束后，接收人应认真接管移交工作，继续办理未了事项。接收人应继续使用移交后的账簿等资料，保持会计记录的连续性，不得自行另立账簿或擅自销毁移交资料。移交后，移交人对自己经办的已办理移交的资料负全部责任，不得以资料已移交为借口推脱责任。移交后的注意事项如图 2-12 所示。

（1）交接后，接管的出纳人员应及时向开立账户的银行办理更换出纳人员印鉴的手续，检查保险框的使用是否正确、妥善。保管现金、有价证券、贵重物品、公章等的条件和周围环境是否齐全。

（2）接管的出纳人员应继续使用移交的账簿，不得自行另立新账，以保持会计记录的连续性。
对于移交的银行存折和未用的支票，应继续使用，不要把它搁置浪费，以免单位遭受损失。

（3）交接后，移交人应对自己经办的已经移交资料的合法性、真实性承担法律责任，不能因为资料已经移交而推脱责任。

图 2-12　移交后的注意事项

2.7　小结

这章向大家系统地介绍了出纳工作的流程。其实出纳工作并不难，难的只是要求有一个对工作细心、严谨的态度。财务工作并不像其他的工作那样，因为是和钱打交道，所以包括在离职的时候，都要有一个详细的离职表。本章只是举一个交接的例子来说明一下出纳工作的重要性，总而言之，出纳工作真的很重要！

了解了工作的流程之后，接下来在第 3 章中，就要接触出纳的基础知识了，因为不管做什么，总是要从最基础的知识开始学起。

第3章

“根深蒂固”——出纳应具备的财务知识

做为一名出纳人员，基础会计知识的熟练程度决定了出纳工作者工作的熟练程度，因此必须掌握好基础会计知识，并且能在工作中轻松自如的运用。

3.1 出纳为什么要懂会计

做好出纳工作并不是一件很容易的事，它要求出纳员要有熟练高超的业务技能，严谨细致的工作作风。作为一名出纳人员，不但要具备处理一般会计事务的财会专业基本知识，还要具备较高的处理出纳事务的出纳专业知识水平和较强的数字运算能力。不仅“快”还要“准”，并在快与准之间寻求到二者的平衡。

3.2 会计基础理论

明确财务会计的目标，掌握会计核算的基本前提和会计信息的质量要求；掌握会计要素的概念、特点及其确认条件；掌握会计计量属性及其应用原则，熟悉财务报告的构成。通过本章的学习，使学生掌握财务会计的服务对象、行为规范，理解财务报告的内容及其用途，能够结合企业经营的实际情况，分析理解企业会计基本理论问题。

3.2.1 会计目标

会计目标，是要求会计工作完成的任务或达到的标准。它是关于会计系统所应达到境地的抽象范畴，是沟通会计系统与会计环境的桥梁，是连接会计理论与会计实践的纽带。在不同历史阶段，会计的具体目标是不同的，会计目标

受到环境因素的影响，随环境因素的变化而变化。

3.2.2 会计基本前提

会计核算的基本前提，又称会计假设，是指对会计领域中存在的某些尚未确知或无法论证的事物，根据客观的、正常的情况或趋势作出合乎情理的逻辑性判断。会计核算的基本前提包括四个方面，如图 3-1 所示。

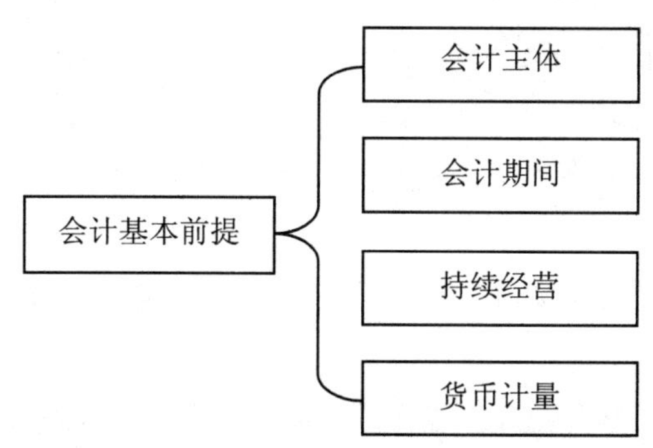

图 3-1 会计核算的基本前提

1. 会计主体

会计主体是指会计所核算和监督的特定单位或者组织，是会计确认、计量和报告的空间范围。

2. 持续经营

持续经营是指一个会计主体的经营活动将会无限期地延续下去，在可以遇见的未来，会计主体不会遭遇清算、解散等变故而不复存在。

持续经营的前提，要求企业在进行财务会计核算时，要以企业持续正常的业务经营活动为前提，企业拥有的资产应按预定的目标耗用、出售、转让、折旧等，企业所承担的各种债务也要按原计划如期偿还。

持续经营企业的会计核算应当采用非清算基础，如资产按成本计价，就是基于持续经营这一假设或前提的。然而，在市场经济条件下，优胜劣汰是一项竞争原则。每一个企业都存在经营失败的风险，都可能变得无力偿债而被迫宣告破产而进行法律上的改组。一旦会计人员有证据证明企业将要破产清算，持续经营的基本前提或假设便不再成立，企业的会计核算必须采用清算基础。

有了持续经营的假设才能对资产按历史成本计价，折旧费用的分期提取才能正常进行，否则资产的评估、费用在受益期的分配、负债按期偿还以及所有者权益和经营成果将无法确认。

持续经营是会计确认、计量、报告的前提，界定了会计核算的时间范围

3. 会计期间

会计期间又称会计分期，是指将企业川流不息的经营活动划分为若干个相等的区间，在连续反映的基础上，分期进行会计核算和编制会计报表，定期反映企业某一期间的经营活动和成果。

一个会计主体在持续经营的情况下，其经济活动是循环往复、周而复始的。为了及时提供决策和管理所需要的信息，在会计工作中，人为地在时间上把连续不断的企业经营活动及其结果用起止日期加以划分，形成会计期间，这就是会计分期的假设。

我国《企业会计准则》规定：会计期间一般应从公历 1 月 1 日开始，12 月 31 日结束。

由于设定了会计期间，会计核算必然要解决企业收入和费用在哪一个会计期间确认的问题。在某一特定时期内，一家企业各项收入和费用的发生与现金的实际收入和支出并不是完全一致的。例如，因固定资产耗用等原因引起折旧费用的发生，并没有导致现金的流出。处理此类业务，有两种不同的会计处理基础，即收付实现制和权责发生制。

把会计期间看作一个企业连续两次编制并提供财务报表之间的时间段，常常对我们很有用。会计期间假设是持续经营假设的必然结果。为了使会计报表使用者能够定期、及时地了解企业的财务状况和经营成果，就要把连续经营活动人为地进行划分，以便定期进行结算、汇总、报告和评价。会计期间假设是正确计算损益的前提，利润总额、收入、费用等会计概念都是以“时期”为前提的。

4. 货币计量

货币计量是指企业在会计核算中要以货币为统一的主要的计量单位，记录和反映企业生产经营过程和经营成果。会计主体的经济活动是多种多样、错综复杂的。为了实现会计目的，必须综合反映会计主体的各项经济活动，这就要求有一个统一计量尺度。可供选择的计量尺度有货币、实物和时间等，但在商品经济条件下，货币作为一种特殊的商品，最适合充当统一的计量尺度。会计在选择货币作为统一的计量尺度的同时，要以实物量度和时间量度等作为辅助

的计量尺度。

要实际进行会计核算，除了应明确以货币作为主要计量尺度之外，还需要具体确定记账本位币，即按某种统一的货币来反映会计主体的财务状况与经营成果。货币计量隐含币值稳定假设。

3.2.3 会计一般原则

财务会计的一般原则是会计核算的基本规则和要求，财务会计的一般原则包括以下几个方面，如图 3-2 所示。

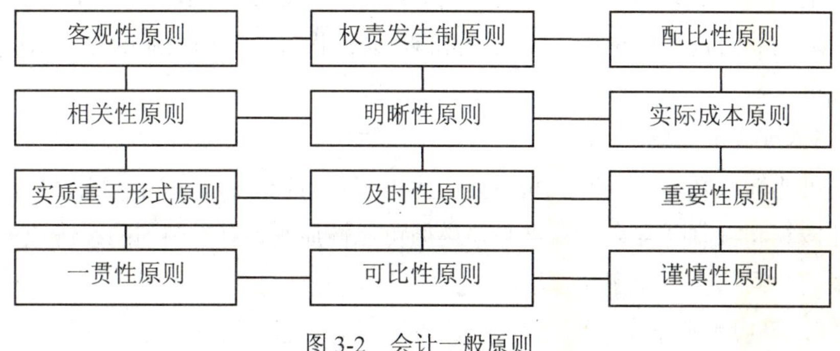

图 3-2 会计一般原则

1. 客观性原则

客观性原则要求企业的会计记录和财务会计报告必须真实、客观地反映企业的经济活动。

会计的客观性主要反映在真实性和可靠性上。真实性是指会计反映的结果应当同企业实际的财务状况和经营成果相一致。可靠性是指对于经济业务的记录和报告，应当做到以客观的事实为依据，力求使会计信息可靠。

2. 相关性原则

相关性原则是指会计信息要同信息使用者的经济决策相关联，不仅要满足国家宏观经济管理的要求，满足有关各方了解企业财务状况和经营成果的需要，还要满足企业加强内部经营管理的要求。

目前情况下，强调会计信息的相关性，就是要求企业会计信息在满足国家宏观调控需要的同时，还要满足其他方面进行经济决策的需要。

3. 实质重于形式原则

实质重于形式原则要求企业应当按照交易或事项的经济实质进行会计核

算，而不应当仅仅是以他们的法律形式作为会计核算的依据。

为了真实反映企业的财务状况和经营成果，不能仅根据交易或事项的外在表现来进行核算，而要反映其经济实质。

4. 一贯性原则

一贯性原则要求企业采用的会计核算方法前后各期保持一致，不得随意变更。企业进行会计核算和编制财务会计报告必须遵循一贯性原则，对于统一企业在不同地点和不同时间发生的相同类型的经济业务，应采用一致的会计处理程序与方法。

坚持一贯性原则可以防止某些企业或个人通过会计处理方法的变动，人为地操纵企业的资产、收入、费用、利润等会计指标，粉饰企业的财务状况和经营成果。

5. 可比性原则

可比性原则是指企业之间的会计信息应当口径一致，相互可比。企业进行会计核算和编制财务会计报告必须遵循可比性原则，对于相同的经济业务，应当采用相同的会计程序和方法。

6. 及时性原则

及时性原则是指会计信息的时效性。及时记录是要求对企业的经济业务及时地进行会计处理，本期发生的经济业务应当在本期内进行处理，不能延至下一个会计期间或提前至上一个会计期间；及时报告是指要把会计资料及时传送出去，将财务报告及时报出。及时记录是及时报告的前提，只有将会计资料及时地记录下来，才有可能及时地报告；而及时报告也是会计信息时效性的重要保证，如果不能及时报告，那么即使会计记录很及时也会使会计信息失去时效性。

7. 明晰性原则

明晰性是指会计记录必须清晰、简明、便于理解和使用。提供会计信息的目的在于帮助有关方面进行经济决策。要在保证会计信息的真实性与相关性的前提下，力求使会计信息简单明了。

8. 权责发生制原则

权责发生制是指按照要求，对会计主体在一定期间内发生的各项业务凡符合收入确认标准的本期收入，不论其款项是否收到，均应作为本期收入处理，凡符合费用确认标准的本期费用，不论其款项是否付出，均应作为本期费用处

理。反之，凡不符合收入确认标准的款项，即使在本期收到，也不能作为本期收入处理，凡不符合费用确认标准的款项，即使在本期付出，也不能作为本期费用处理。

9. 配比原则

配比原则要求企业的销售收入与销售费用应当按照它们之间的内在联系正确配比，以便正确计算各个会计期间的盈亏。配比方式分为两种：

（1）根据销售收入与销售费用之间的因果关系进行直接配比。

企业的某些销售收入项目与销售费用项目之间在经济内容上存在必然的因果关系，这些销售收入是由于一定的销售费用耗费而产生的，凡是这种存在因果关系的销售收入与销售费用都应直接配比。

（2）根据销售收入与销售费用项目之间存在的时间上的一致关系。

某些销售费用项目虽然不存在与销售收入项目之间的明显因果关系，但应与发生在同一期间的销售收入相配比。

10. 实际成本原则

实际成本原则是指企业的各项资产在取得时应当按照实际成本计量，企业一律不得自行调整其账面价值，当资产发生减值时应当按规定计提相应的减值准备。

11. 重要性原则

重要性原则是指在保证尽可能全面完整地反映企业的财务状况与经营成果的前提下，要根据会计核算内容是否会对会计信息使用者的决策产生重大影响，来决定对其进行核算的精确程度以及是否需要在会计报表上予以反映。

12. 谨慎性原则

谨慎性原则是指在有不确定因素的情况下进行预计时，应谨慎采用导致高估资产或收益的做法，以免损害企业的财务实力，防止信息使用者对企业的财务状况与经营成果持盲目乐观的态度。

3.2.4　会计要素

会计要素是确定会计科目、设置会计账户的依据，标明会计核算内容和构成会计报表的框架。会计要素包括六个要素，如图 3-3 所示。

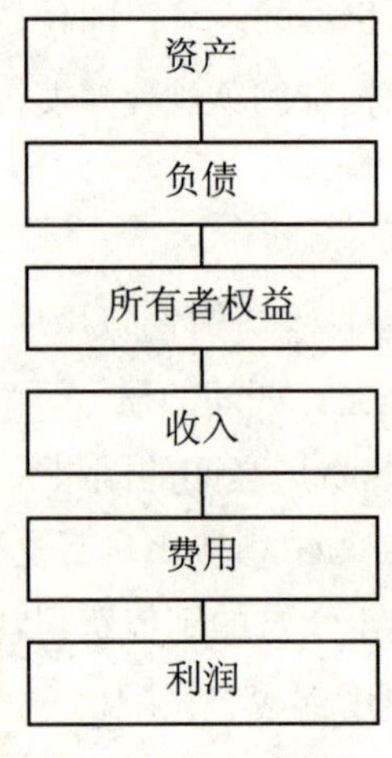

图 3-3　会计要素

1. 资产

资产是指由于过去的交易或事项所引起的、企业拥有或控制的、能带来未来经济利益的经济资源，包括各种财产、债权和其他权利。

（1）按照流动性分类，如图 3-4 所示。

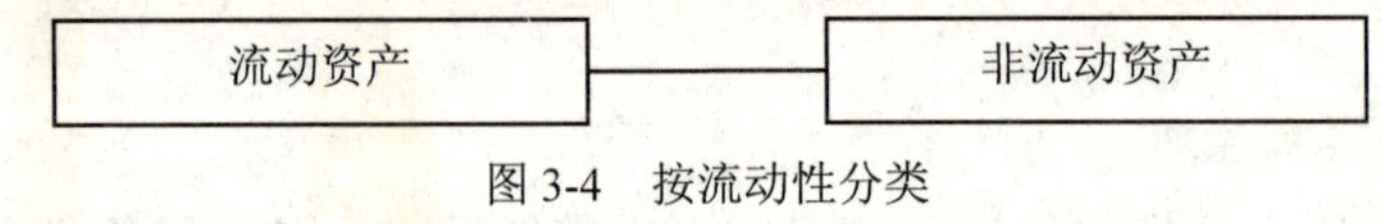

图 3-4　按流动性分类

①流动资产。

流动资产是指能在一年或超过一年的一个营业周期内变现或耗用的资产，包括库存现金、各种存款、短期投资、应收及预付款、存货等。

②非流动资产。

非流动资产是指不符合流动资产定义的资产，包括长期投资、固定资产、在建工程、无形资产、递延资产和其他资产。

（2）按照存在的形态不同分类，如图 3-5 所示。

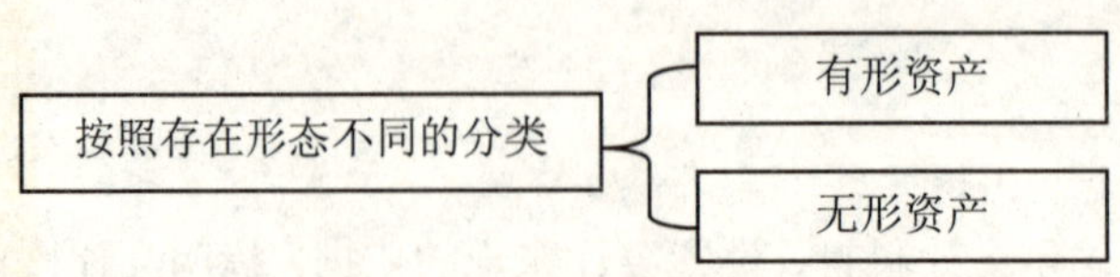

图 3-5　按存在的形态不同分类

①有形资产。

有形资产是指具有物质实体的资产，如存货、固定资产等属于有形资产。

②无形资产。

无形资产是指没有物质实体，而是表现为某种法定权利或技术的资产，如应收款项、短期投资、长期股权投资、专利权、商标权等属于无形资产。

2. 负债

负债是指企业过去交易或事项形成的、预期会导致经济利益流出企业的现时义务。负债是企业承担的、以货币计量的、在将来需要以资产或劳务偿还的债务。它代表着企业的偿债责任和债权人对资产的求索权。

3. 所有者权益

所有者权益是指投资人对企业净资产的所有权，包括企业投资者对企业的投入资本以及形成的资本公积金、盈余公积金和未分配利润等。所有者权益表明了企业的产权关系，即企业归谁所有。所有者权益包括：

（1）投入资本：企业收到的投资者投入企业的资本金。

（2）资本公积：指企业因资本引起的积累，包括接受捐赠、股票发行溢价、法定财产重估增值等。

（3）盈余公积：指企业按照国家法律规定从税后利润中提取的公积金，包括法定公益金、法定盈余公积金和任意盈余公积金。

（4）未分配利润：指企业尚未分配的税后利润，包括上年度累积结余的未分配利润和本年利润中扣除各种分配以后的金额。

4. 收入

收入是指企业在销售商品、提供劳务及让渡资产使用权等日常活动中所形成的经济利益的总流入。这种总流入表现为企业资产增加或债务的减少，包括基本业务收入、其他业务收入和投资收益等。基本业务收入是企业的基本营业活动所取得的收入，如工业企业的产品销售收入、商业企业的商品销售收入、施工企业的建筑安装收入等。其他业务收入是指除基本业务活动以外的其他业务和活动所取得的收入。

5. 费用

费用是指企业销售商品、提供劳务等日常活动中所发生的各种耗费。企业要进行生产经营活动取得收入必须相应的发生一定的费用。例如，工业企业在生产过程中要耗费原材料、燃料和动力；要发生机器设备的折旧费用和修理费用；要支付职工的工资和其他各项生产费用。

6. 利润

利润是指企业在一定会计期间的经营成果，是反映经营成果的最终要素，包括营业利润、投资净收益和营业外收支净额。当收入大于费用，其差额为利润，当费用大于收入，其差额则为亏损。

3.3 复式记账及其应用

复式记账是指对每项经济业务，都以相等的金额，同时在两个或两个以上相互联系的账户中进行登记，借以完整地反映每一项经济业务的方法。

3.3.1 复式记账原理

所谓复式记账的基本原理，是指对发生的每一项经济业务能够以相等的金额在至少两个相互联系的账户中记录。

会计核算的对象是资金运动，而企业单位的全部资金运动是由资金运动的具体环节所组成。每一笔经济业务所引起的会计要素有关项目的增减变动，都是资金运动的一个具体环节，而资金运动的每一个具体环节都有它的起点和终点，也就是它的来龙去脉或经济业务的相互联系。资金运动任何一个具体环节的起点和终点的内容，都表现为相互联系的至少两个项目，其数量的增减变化就要在至少两个账户中进行记录。所以，在复式记账法下，对发生的每一项经济业务，都要在两个或两个以上相互联系的账户中记录。

1. 复式记账法的作用

复式记账是利用会计方程式的平衡原理来记录经济业务，其主要作用如图3-6所示。

2. 复式记账法的分类

复式记账法有三种类型，如图3-7所示。

三种记账方法都具有复式记账法的特征，即每笔业务分别记入两个或两个以上相关账户中，其账目可以进行试算平衡。目前广泛应用的是复式记账法中的借贷记账法。

（1）复式记账能够把所有的经济业务相互联系地、全面地记入有关账户中，从而使账户能够全面地、系统地核算和监督经济活动的过程和结果，能够提供经营管理所需要的数据和信息。

↓

（2）复式记账的每笔会计分录都是相互对应地反映了每项经济业务所引起资金运动的来龙去脉，因此，应用复式记账原理记录各项经济业务，可以通过账户之间的对应关系，了解经济业务的内容，检查经济业务是否合理、合法。

↓

（3）根据复式记账结果必然相等的平衡关系，通过全部账户记录的试算平衡，可以检查账户记录有无差错。

图 3-6 复式记账法的作用

（1）增减记账法

（2）收付记账法

（3）借贷记账法

图 3-7 复式记账法的分类

3. 借贷记账法

借贷记账法实际就是复式记账法的代名词，复式记账法就等于借贷记账法。借贷记账法之所以被定位为企业统一使用的记账方法，是因为它具备以下几个优点，如图 3-8 所示。

（1）账户对应关系清楚

（2）试算平衡简便

（3）设置账户比较灵活

图 3-8 借贷记账法优点

借贷记账法是一种使用简便、记录清楚明了、优秀的复式记账法，其记账方法有以下几个特点，如图 3-9 所示。

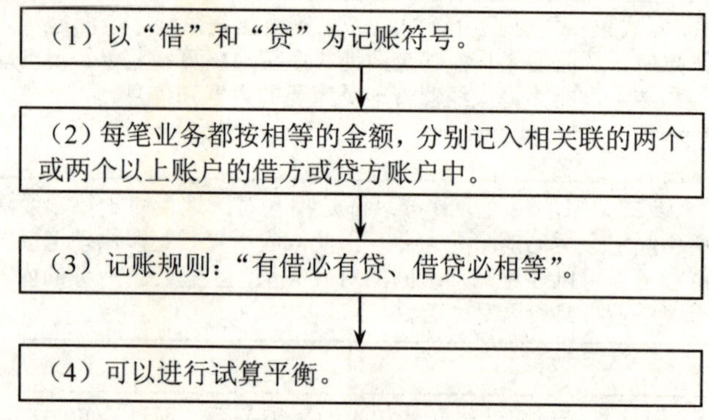

（1）以“借”和“贷”为记账符号。
（2）每笔业务都按相等的金额，分别记入相关联的两个或两个以上账户的借方或贷方账户中。
（3）记账规则：“有借必有贷、借贷必相等”。
（4）可以进行试算平衡。

图 3-9　借贷记账法的特点

3.3.2　复式记账账户结构

1. 资产类账户的结构

在资产类账户中，“借方”即左方记录资产的增加额，“贷方”即右方记录资产的减少额，余额一般应在借方，表示结存资产的账面余额。资产类账户的发生额和余额之间的内部关系，可用下式表示：

期末余额（借方）=期初余额（借方）+本期借方发生额-本期贷方发生额

2. 权益类账户的结构

在权益类账户中，“贷方”即右方记录负债和所有者权益的增加额，“借方”即左方记录负债和所有者权益的减少额，余额一般在贷方，表示负债和所有者权益账面余额。权益类账户的发生额和余额之间的内部关系，可用下式表示：

期末余额（贷方）=期初余额（贷方）+本期贷方发生额-本期借方发生额

3.3.3　复式记账的记账规则

有借必有贷，借贷必相等。运用借贷记账法处理经济业务时需进行三步分析：涉及哪些账户、是增加还是减少、根据账户性质判断记账方向。发生对应关系的账户称为对应账户，这种指明某项经济业务应记入的账户、应借应贷方向及其金额所做的记录，称为会计分录。会计分录可以分为简单分录和复合分录。

3.4　会计基础名词解释

每个行业都有各自的专业术语，财务行业也不例外。在这一节中，给大家简单地介绍一些使用频率相对比较高的词汇。

3.4.1　认识会计科目

对一般不懂会计的管理人员来说，会计科目常会有一种莫测高深的感觉，因此不仅不愿意看财务报表，更不敢对会计科目的设置有任何建议。其实，会计科目只不过是一个企业经营资料的统计分类而已，所以如果懂得会计科目的性质及结构系统，每一个管理人员不但能看得懂财务报表，而且还能设置会计科目，使会计资料成为很好的管理信息。

会计科目是会计人员作记录的基础，在结构上共分为五大类，如图 3-10 所示。

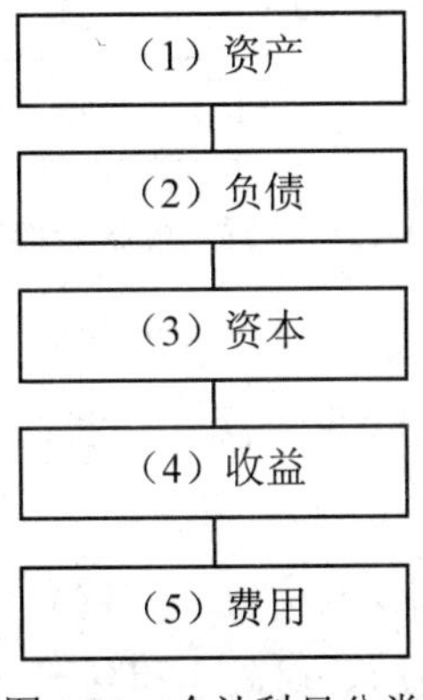

图 3-10　会计科目分类

3.4.2　了解什么是收入

收入是企业在日常活动中形成的、会导致所有者权益增加的、与所有者投入资本无关的经济利益的总流入。其中，日常活动是指企业为完成其经营目标所从事的经常性活动以及与之相关的其他活动。

1. 收入的分类

按照企业经营业务的主次不同分类，可分为主营业务收入和其他业务收入两类，如图 3-11 所示。

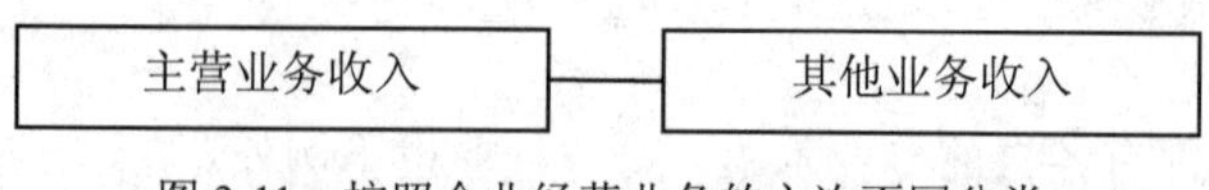

图 3-11　按照企业经营业务的主次不同分类

（1）主营业务收入。

不同行业企业的主营业务收入所包括的内容不同。例如，工业企业的主营业务收入主要包括销售商品、自制半成品、代制品、代修品、提供工业性劳务等实现的收入；商业企业的主营业务收入主要包括销售商品实现的收入；咨询公司的主营业务收入主要包括提供咨询服务实现的收入；安装公司的主营业务收入主要包括提供安装服务实现的收入。主营业务收入的构成如图 3-12 所示。

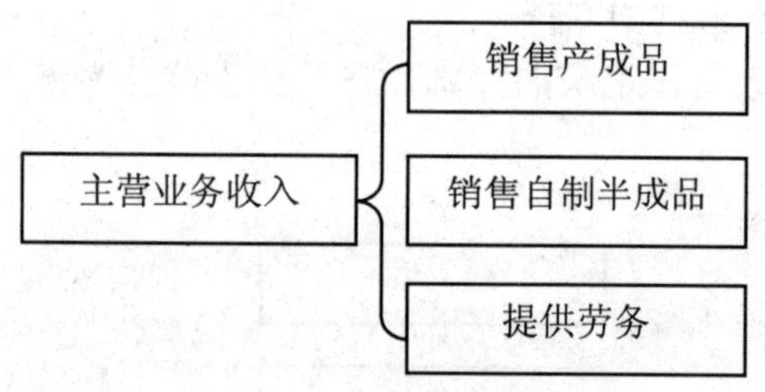

图 3-12　主营业务收入构成

企业实现的主营业务收入通过“主营业务收入”科目核算，并通过“主营业务成本”科目核算为取得主营业务收入发生的相关成本。

（2）其他业务收入。

不同行业企业的其他业务收入所包括的内容不同。例如，工业企业的其他业务收入主要包括对外销售材料、对外出租包装物、商品或固定资产、对外转让无形资产使用权、对外进行权益性投资（取得现金股利）或债权性投资（取得利息）、提供非工业性劳务等实现的收入。

企业实现的原材料销售收入、包装物租金收入、固定资产租金收入、无形资产使用费收入等，通过“其他业务收入”科目核算，企业进行权益性投资或债权性投资取得的现金股利收入和利息收入，通过“投资收益”科目核算。通过“其他业务收入”科目核算的其他业务收入，需通过“其他业务成本”科目核算为取得该项收入发生的相关成本。其他业务收入的构成如图 3-13 所示。

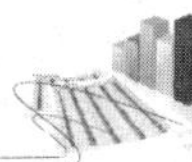

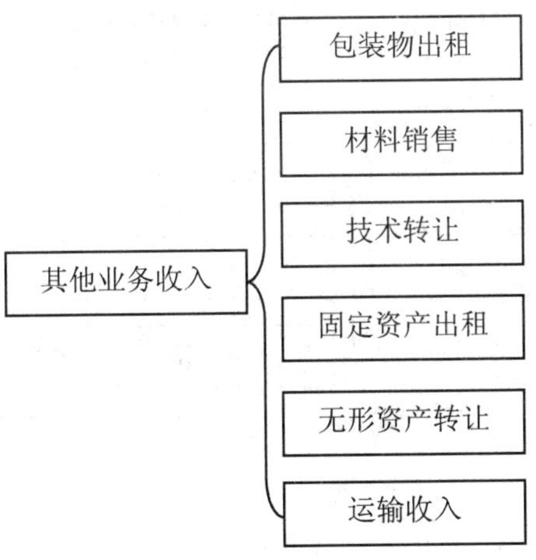

图 3-13　其他业务收入构成

3.4.3　正确理解费用的概念

费用是指企业在日常活动中发生的会导致所有者权益减少的、与向所有者分配利润无关的经济利益的总流出。企业发生费用的表现形式会导致资产流出企业、资产损耗或负债增加而引起所有者权益减少。费用的构成如图 3-14 所示。

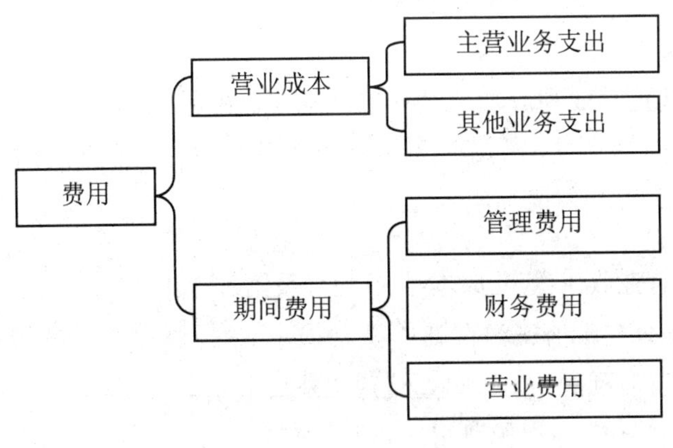

图 3-14　费用构成

3.4.4　正确了解利润的概念

利润是指企业在一定期间内获得的经营成果。利润包括收入扣除费用后的净额，直接计入当期利润的利得和损失等。利润分为以下几种类型，如图 3-15 所示。

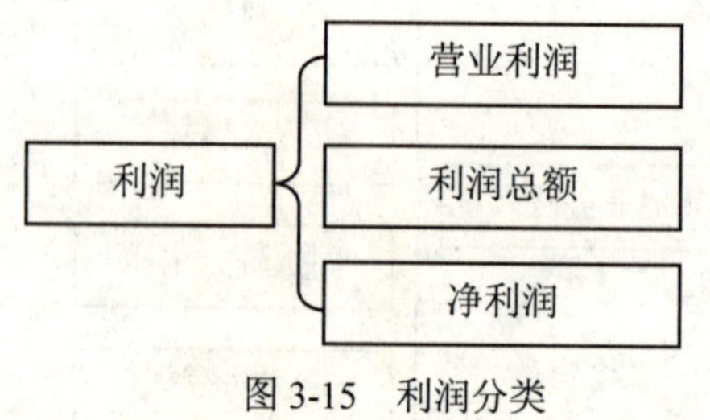

图 3-15　利润分类

1. 营业利润

营业利润是企业利润的主要来源。它是指企业在销售商品、提供劳务等日常活动中所产生的利润。其内容为主营业务利润和其他业务利润之和扣除期间费用之后的余额。其中主营业务利润等于主营业务收入减去主营业务成本和主营业务应负担的税费，通常也称为毛利。其他业务利润是其他业务收入减去其他业务支出后的差额。营业利润的公式如下：

营业利润=营业收入-营业成本-营业税金及附加-销售费用-管理费用-财务费用-资产减值损失+公允价值变动净收益（-变动损失）+投资净收益（-投资损失）

2. 利润总额

利润总额是指营业利润加上企业发生的与其经营活动无直接关系的各项净收入，减去企业发生的与其经营活动无直接关系的各项净支出。利润总额的公式如下：

营业利润=营业收入-营业成本-营业税金及附加-期间费用-资产减值损失+公允价值变动收益（-变动损失）+投资收益（-投资损失）

利润总额=营业利润+营业外收入-营业外支出

净利润=利润总额-所得税费用

3. 净利润

净利润是指利润总额扣除按规定缴纳的所得税后利润留存，一般也称为税后利润或净收入。

净利润是一个企业经营的最终成果。净利润多，表明企业的经营效益好；净利润少，表明企业的经营效益差。它是衡量一个企业经营效益的主要指标。净利润的计算公式如下：

净利润=利润总额×（1-所得税率）

3.4.5 正确了解营业收入的概念

营业收入是指企业在从事销售商品或提供劳务等经营业务过程中取得的收入。营业收入分为两类，如图 3-16 所示。

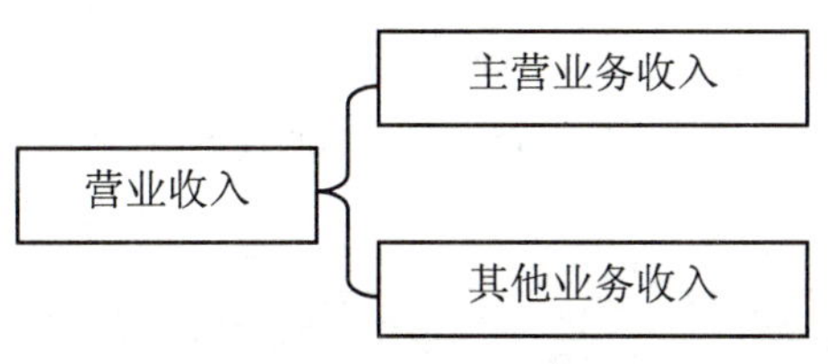

图 3-16 营业收入分类

（1）主营业务收入。

主营业务收入是指企业进行经常性业务取得的收入，是利润形成的主要来源。不同行业主营业务收入的表现形式不同。

（2）其他业务收入。

其他业务收入是指企业在生产经营过程中取得的除主营业务收入以外的各项收入，如转让无形资产和资产出租取得的收入等。

确认营业收入时应考虑两个问题，如图 3-17 所示。

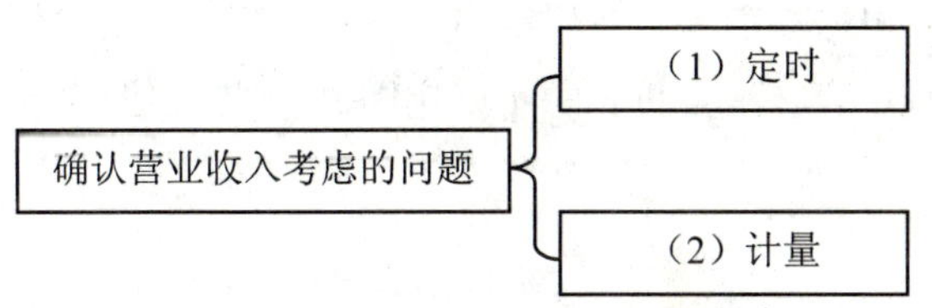

图 3-17 确认营业收入考虑的问题

- 定时即确定营业收入实现的时间。
- 计量就是确定营业收入实现的金额。

确认营业收入，一般应具备三个条件，如图 3-18 所示。

（1）产生营业收入的交易已经完成。

（2）伴随营业收入而来的新增资产已经取得或原有债务已经消失。

（3）营业收入可以计量。

图 3-18　确认营业收入的三个条件

（1）产生营业收入的交易已经完成。

产生营业收入的交易已经完成，是指企业为取得营业收入应提供的商品或劳务已经提供，合同规定的责任已经实质完成。如果企业将商品提供给客户后，还需要大量的安装工程，会发生大量的售后成本，则不应确认营业收入的实现。

（2）伴随营业收入而来的新增资产已经取得或原有债务已经消失。

确认营业收入实现的必要条件就是在销售商品、提供劳务后，要取得新增资产。取得新资产一般是指取得货币资金或索取货币资金的权利。如果企业在销售商品、提供劳务之前已经预先收取了货币资金或以销售的商品、提供的劳务抵偿原有债务，则表现为债务的减少，从而使净资产增加。如果企业在发出商品时既未取得货币资金又未取得索取货币资金的权利，如委托某企业代销商品，则不能确认营业收入的实现。

（3）营业收入可以计量。

营业收入可以计量，是指伴随营业收入而应获取的资产能够可靠的加以计量。营业收入的计量问题，实际上也就是取得的资产如何计价的问题。一般来说，取得的资产可以根据购销合同中规定的价格和成交量确定。但是，如果在营业收入赚取的过程中存在现金折扣等不确定因素，则在营业收入的计量中应予以考虑。

3.4.6　正确了解营业费用的概念

营业费用是指企业在经营管理过程中为了取得营业收入而发生的费用。营业费用分为以下几类，如图 3-19 所示。

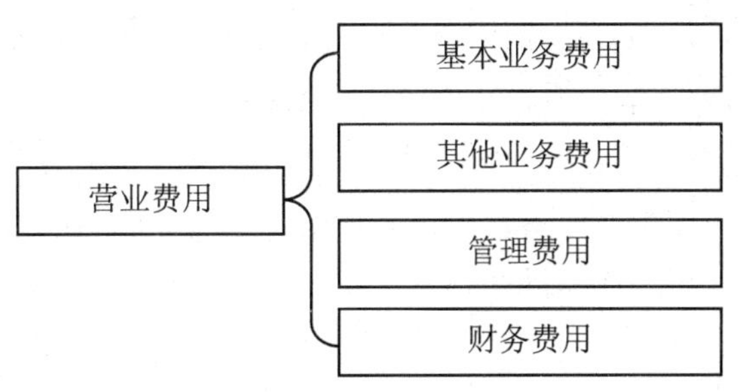

图 3-19　营业费用分类图

1. 基本业务费用

不同行业，基本业务费用的表现形式有所不同。

（1）工业企业的基本业务费用。

工业企业的基本业务费用包括产品销售成本、产品销售费用和产品销售税金及附加，可以通过产品销售收入直接得到补偿。

（2）商品流通企业的基本业务费用。

商品流通企业的基本业务费用包括商品销售成本、经营费用和商品销售税金及附加，可以通过商品销售收入直接得到补偿。

2. 管理费用

管理费用是指企业行政管理部门为组织和管理生产经营活动而发生的各项费用。管理费用属于期间费用，在发生的当期就计入当期的损益。管理费用包括：

- 工会经费
- 职工教育经费
- 业务招待费
- 印花税等相关税费
- 技术转让费
- 无形资产摊销
- 咨询费
- 诉讼费
- 提取的坏账准备
- 存货跌价准备
- 公司经费

公司经费包括总部管理人员的工资、职工福利费、差旅费、办公费、折旧费、修理费、物料消耗、低值易耗品摊销及其他公司费用。

管理费用是会计使用最多的费用科目，几乎所有和生产挂不上边的费用，都可以放进管理费用中去。一般来讲，只要不是非常明显应当归入财务费用中的费用，都可以归集到管理费用科目。

3. 财务费用

财务费用指企业在生产经营过程中为筹集资金而发生的各项费用，包括企业生产经营期间发生的利息支出（减利息收入）、汇兑净损失（有的企业如商品流通企业、保险企业进行单独核算，不包括在财务费用）、金融机构手续费，以及筹资发生的其他财务费用如债券印刷费、国外借款担保费等。在企业筹建期间发生的利息支出，应计入开办费；与购建固定资产或者无形资产有关的，在资产尚未交付使用或者虽已交付使用但尚未办理竣工结算之前的利息支出，计入购建资产的价值；清算期间发生的利息支出，计入清算损益。

确认营业费用时应考虑两个问题，如图 3-20 所示。

（1）营业费用余营业收入的关系。
（2）营业费用的归属期。

图 3-20　确认营业费用考虑的问题

具体来说，确认营业费用的标准有三种，如图 3-21 所示。

（1）按其与营业收入的直接联系确认营业费用。
（2）按一定的分配方式确认营业费用。
（3）在耗费发生时直接确认为营业费用。

图 3-21　确认营业费用的标准

（1）按其与营业收入的直接联系确认营业费用。

如果资产的减少或负债的增加与取得本期营业收入有直接关系，就应确认为本期营业费用。

例如：已销商品的成本是为了取得营业收入而直接发生的耗费，应在取得营业收入的期间确认为营业费用。

（2）按一定的分配方式确认营业费用。

如果资产的减少或负债的增加与取得本期营业收入没有直接关系，但能够为若干个会计期间带来效益，则应采用一定的分配方式，分别确认为各期的营业费用。

例如：管理部门使用的固定资产的成本，需要采用一定的折旧方法，分别确认为各期的折旧费用。

（3）在耗费发生时直接确认为营业费用。

如果资产的减少或负债的增加与取得营业收入没有直接关系，且只能为一个会计期间带来效益或受益期间难以合理估计，则应确认为当期的营业费用。

例如：管理人员的工资，其支出的效益仅限于一个会计期间，应直接确认为当期的营业费用。

3.5 小结

本章为读者做了一个财务知识的基础介绍，在三个方面做了简单的概述，从出纳为什么要懂会计为起点，告诉大家财务出纳的重要性，紧接着就进入了正题，从出纳需要了解的会计基础理论开始，读者需要了解会计的目的、前提、原则、要素，让读者知道复式记账的基本原则，即“有借必有贷、借贷必相等”，还有在会计中，最重要的科目，即“资产、负债、所有者权益、收入、利润、费用”。虽然这些理论性的知识会让读者认为比较枯燥，但是一定要打好基础，才能为以后的工作打下良好的理论基础，不管是实践还是应对财务考试，都是很有用处的。

在第 4 章中，将为读者介绍一下财务中的凭证，这也是一个重要的基础内容。

第二篇

出纳实务

本篇介绍出纳工作基本技能、各种出纳凭证的使用、现金业务与有价证券的管理、银行账户管理、日记账的设置及登记、电子货币与会计结算方法、国际结算业务处理办法。系统介绍基本技术技能和操作处理方法，使你在具体操作过程中得心应手。

第 4 章

“开卷有益”——凭证

凭证是会计凭证的简称，任何企业、事业以及行政单位在从事任何一项经济活动时，都必须办理会计凭证。会计凭证是在会计工作中记录经济业务、明确经济责任的书面证明，是用来登记账簿的工具。正确的填制和认真审核会计凭证是财务管理不可缺少的基础工作。

4.1 会计凭证的分类

会计凭证就是会计工作中使用的相关凭证。这些凭证一般都是为了更好地记录经济业务而填制的。会计凭证是多种多样的，可按照不同的标准进行分类。

4.1.1 什么是会计凭证

会计凭证，是记录经济业务，明确经济责任，作为收付和记账依据的书面证明，是登记账簿的重要依据。会计凭证的取得和填制是会计核算使用中的一个重要方法，也是反映、监督经济活动、财务收支的重要手段。

4.1.2 会计凭证的分类

会计凭证是按一定格式编制的、据以登记会计账簿的书面证明，用以记录经济业务、明确经济责任。会计人员可以通过整理、分类、汇总会计凭证，并经过会计处理，为经济管理提供有用的会计信息。

（1）按编制程序和用途不同分类，如图 4-1 所示。

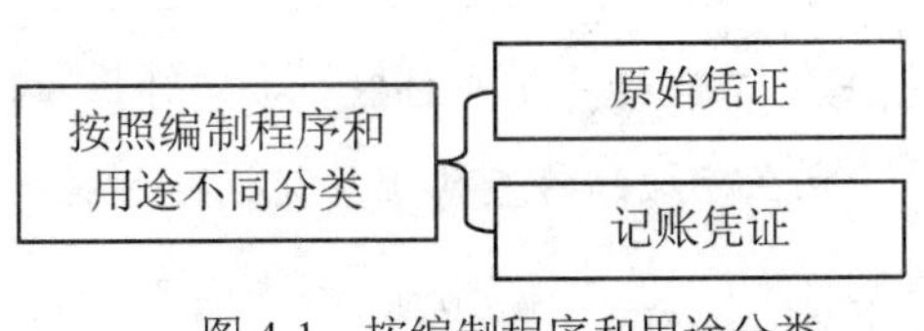

图 4-1 按编制程序和用途分类

（2）按照填制手续及内容不同分类，如图 4-2 所示。

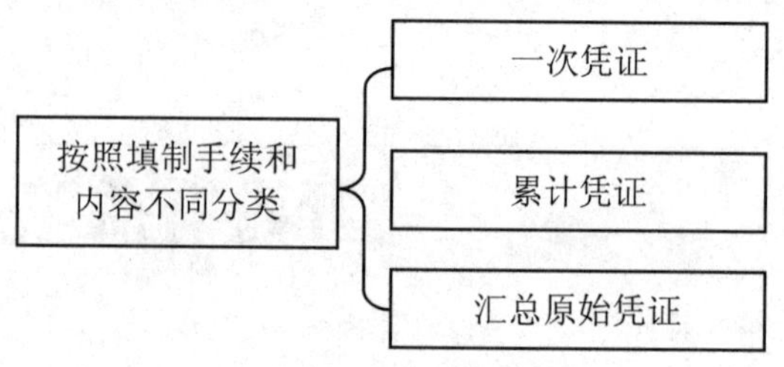

图 4-2　按照填制手续及内容分类

（3）按照格式不同分类，如图 4-3 所示。

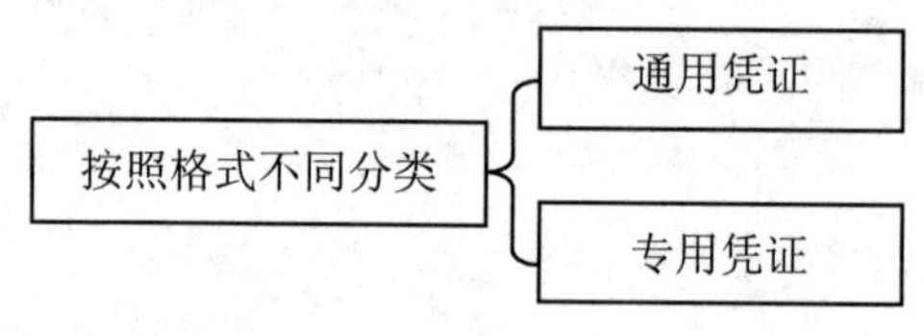

图 4-3　按照格式不同分类

4.1.3　会计凭证的装订和保管

1. 会计凭证的装订

凭证的装订质量，也是出纳工作质量好坏的重要标志。装订不仅要求外观整齐，而且要防止偷盗和任意抽取，正确的装订方法能保证凭证的安全和完整。具体步骤为：

（1）将需要装订的凭证上方和左方整理齐整，在左上方加一张厚纸作为封签，铁锥在封签上钻三个眼，直至底页，然后装订。

（2）订牢后，在订线的地方涂上胶水，然后将封签按钉线所形成之三角形的斜边折叠。

（3）将凭证翻转过来，底页朝上，对封签进行剪切。

（4）涂上胶水、折叠，并在封签启封处加盖装订图章。

注意事项

（1）凭证装订好后，不能轻易拆开抽取。如因外调查证，只能复印，并请本单位领导批准，且在专设的备查簿上登记，再由提供人员和领取人员共同签名盖章即可。

（2）对装订成册的会计凭证，应由会计部门指定专门人员负责保管，但出纳不得兼管会计档案。年度终了后，可暂由财务部门保管一年，期满之后，编造清册移交本单位的档案部门保管。保管时，要防止受损、弄脏、霉烂以及鼠咬虫蛀等。

2. 会计凭证的保管

会计凭证的保管期限和销毁手续，必须严格执行《会计档案管理办法》。保管凭证的安全与完整是全体财务人员的共同职责，在立卷存档之前，会计凭证的保管由财务部门负责。保管过程中应注意的问题如图 4-4 所示。

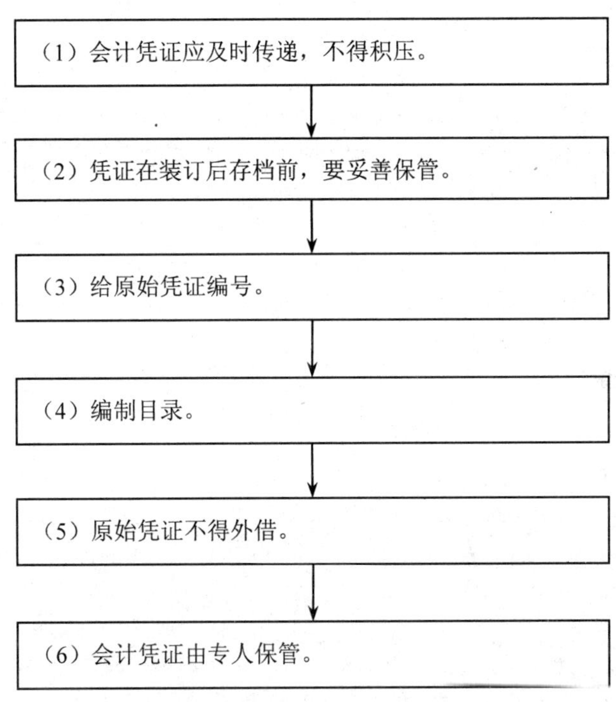

图 4-4　会计凭证的保管

3. 会计凭证的保管期限

一般的会计凭证应保存 15 年，银行存款余额调节表保存 3 年，而重要的会计凭证，如涉及外事的会计凭证等，则应永久保存。对企业各类会计档案的保管期限的规定，请参阅图 4-5。

企业会计档案保管期限

会计档案名称	保管期限	备注
一 会计凭证类		
1 原始凭证、记账凭证和汇总凭证	15年	
其中：涉及外事和其他重要的会计凭证	永久	
2 银行存款余额调节表	3年	
二 会计账簿类		
1 日记账	15年	
其中：现金和银行存款日记账	25年	
2 明细账	15年	
3 总账	15年	包括日记总账
4 固定资产卡片	15年	固定资产报废清理后保存5年
5 辅助账簿	15年	
6 涉及外事和其他重要的会计账簿	永久	
三 会计报表类		
1 月季度会计报表	3年	包括各主管部门汇总会计报表
2 年度会计报表（决算）	永久	包括文字分析
四 其他类		
1 会计移交清册	15年	
2 会计档案保管清册	永久	
3 会计档案销毁清册	永久	

图 4-5　会计凭证的保管期限

4.1.4　怎样销毁会计凭证

对保管期满需要销毁的会计凭证，必须开列清单，报经批准后，由档案部门和财务部门共同派人员监督销毁。会计档案保管期满，按照以下程序销毁，如图 4-6 所示。

根据《会计档案管理办法》的规定，保管期满的会计凭证可以销毁。但是，属于下列情况的，保管期满也不得销毁，如图 4-7 所示。

例题 1

会计档案保管期满，应由（　　）监督销毁。

A. 单位负责人　　B. 会计师

C. 档案管理机构派员　　D. 会计机构派员

答案：CD

【解析】保管期满的会计档案，应由单位档案管理机构和会计机构共同派员监督销毁。

（1）由本单位档案机构会同会计机构提出销毁会计档案的名称、卷号、册数、起止年度和档案编号、应保管期限、已保管期限、销毁时间等内容。

↓

（2）单位负责人在会计档案销毁清册上签署意见，销毁会计档案时，应当由档案机构和会计机构共同派人员监销。

↓

（3）监销人在销毁会计档案前，应当按照会计档案销毁清册所列内容清点核对所要销毁的会计档案，销毁后应当在会计档案销毁清册上签名盖章，并将监销情况报告给本单位负责人。

↓

（4）保管期满但未结清的债权债务原始凭证和涉及其他未了事项的原始凭证不得销毁，应当单独抽出立卷，保管到未了事项完结时为止。

↓

（5）单独抽出立卷的会计档案，应当在会计档案销毁清册和会计档案保管清册中列明。正在项目建设期间的建设单位，其保管期满的会计档案不得销毁。

图 4-6　会计档案销毁程序

（1）尚未结清的债权债务的原始凭证，保管期满也不得销毁，应当单独抽出立卷，保管到未了事项完结时为止。

↓

（2）正在项目建设期间的建设单位，其保管期满的会计凭证也不得销毁。

图 4-7　销毁会计凭证特殊情况

例题 2

会计档案的保管期限是从（　　）算起。

A. 会计档案形成时

B. 会计档案装订时

C. 会计档案经审计后

D. 会计年度终了后的第一天

答案：D

【解析】会计档案的保管期限是从会计年度终了后第一天算起。

4.1.5 会计凭证中的数字书写要求

出纳人员在填制凭证、记账、结账和对账时，经常要书写大量的数字。如果数字书写不正确，不清晰，不符合规范，就会带来很大的麻烦。因此要求出纳人员掌握一定的书写技能，使书写的数字清晰、整洁、正确并符合规范化的要求。

1. 小写金额数字的书写

小写金额是用阿拉伯数字来书写的，具体书写要求如图 4-8 所示。

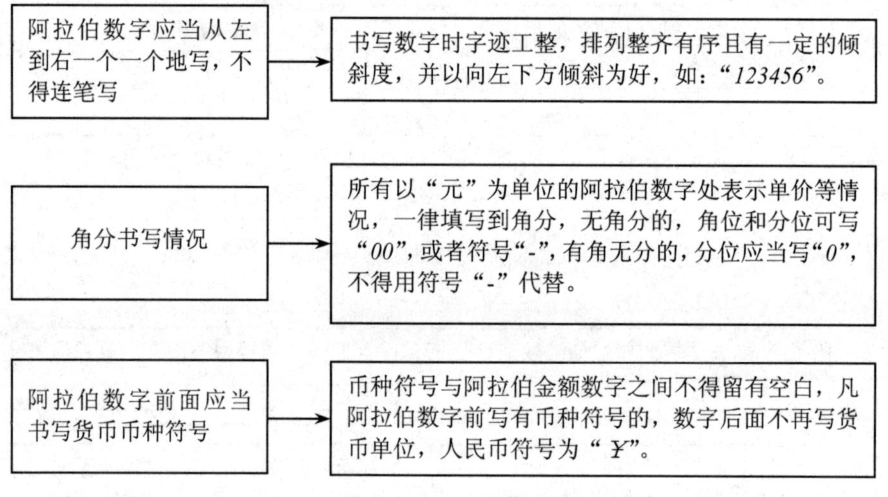

图 4-8 小写金额数字书写要求

2. 大写金额数字的书写

大写金额使用汉字大写数字：零、壹、贰、叁、肆、伍、陆、柒、捌、玖、拾、佰、仟、万、亿等来书写。大写金额数字具体书写要求如图 4-9 所示。

例题 1

下列说法错误的是（ ）。

A. 中文大写金额数字应用正楷或行书填写

B. 中文大写数字写到“分”为止的，在“分”之后应写“整”字

C. 中文大写数字金额前应标明“人民币”

D. 阿拉伯小写金额数字要认真填写，不得连写分辨不清

答案：B

【解析】中文大写数字写到“分”为止的，在“分”之后可以不写“整”字。

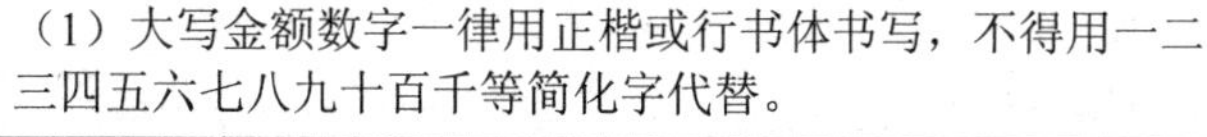

（1）大写金额数字一律用正楷或行书体书写，不得用一二三四五六七八九十百千等简化字代替。

↓

（2）大写金额数字到元或者角为止的，在“元”或者“角”字之后应当写“整”字或者“正”字，大写金额数字有分的，分字后面不再写“整”或者“正”。

↓

（3）大写金额数字前未印有货币名称的，应当加填货币名称，货币名称与金额数字之间不得留有空白，如“人民币贰仟元整”。

↓

（4）阿拉伯金额数字中间有“*0*”时，汉字大写金额要写“零”字，中间连续有几个“*0*”时，汉字大写金额中可以只写一个“零”字。

↓

（5）大写金额中“壹拾几”、“壹佰（仟）几”的“壹”字，一定不等省略，必须书写。因为“拾”佰、仟、万、亿“等字仅代表数位，并不是数。

图 4-9　大写金额数字书写要求

4.2　原始凭证

原始凭证是记录经济业务的发生和完成情况的书面证明。在实际工作中，原始凭证有些是从外单位取得的，有些是本单位自制的。每项经济业务的发生，都必须取得与之有关的原始凭证。

4.2.1　原始凭证的分类

原始凭证是在经济业务发生或完成时取得的，用以证明经济业务已经发生或完成的最初的书面证明文件，是会计核算的原始资料，是编制记账凭证的依据。根据不同的管理目的，可对原始凭证进行如下分类，如图 4-10 所示。

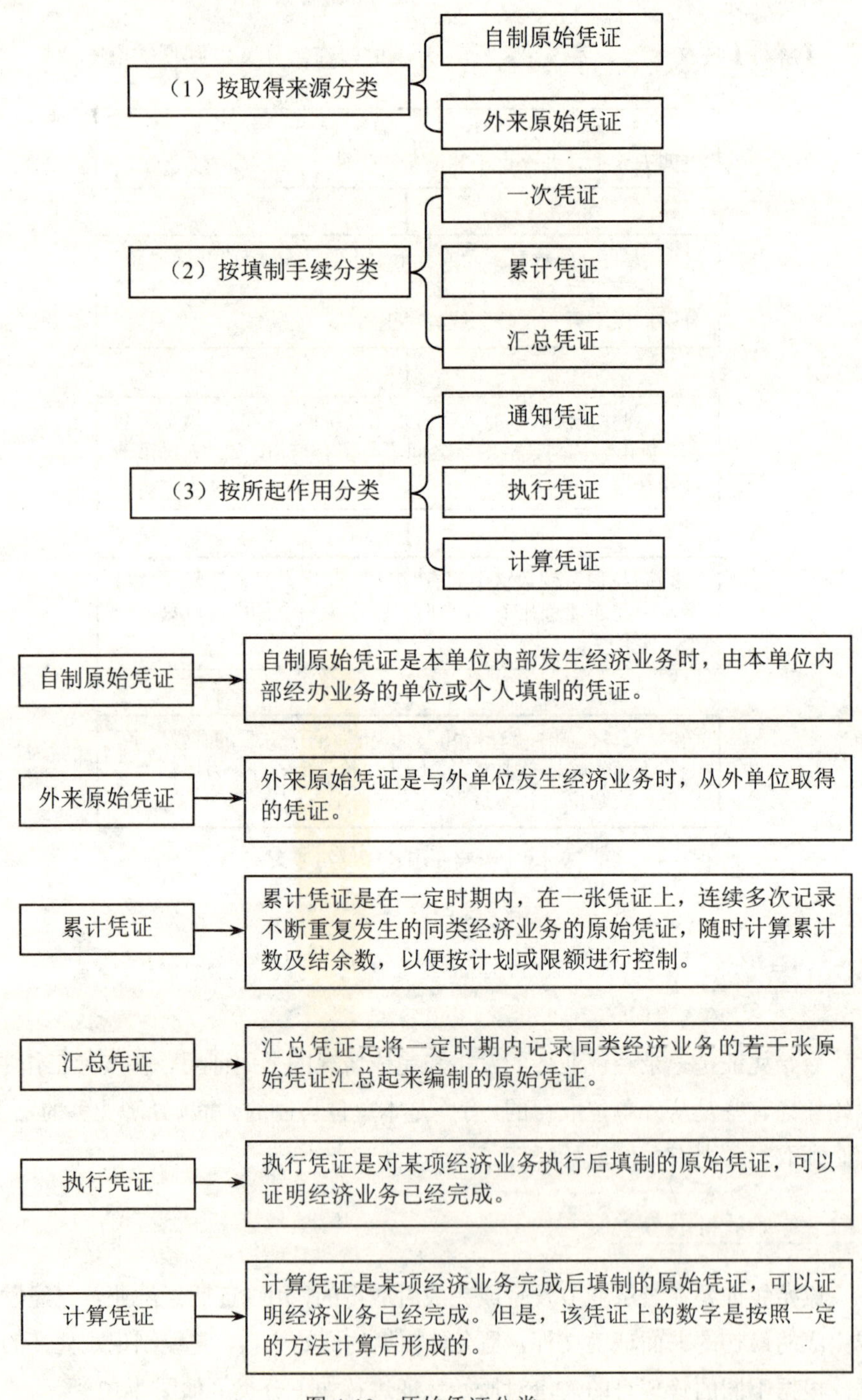
（1）按取得来源分类
自制原始凭证
外来原始凭证
（2）按填制手续分类
一次凭证
累计凭证
汇总凭证
（3）按所起作用分类
通知凭证
执行凭证
计算凭证
自制原始凭证
自制原始凭证是本单位内部发生经济业务时，由本单位内部经办业务的单位或个人填制的凭证。
外来原始凭证
外来原始凭证是与外单位发生经济业务时，从外单位取得的凭证。
累计凭证
累计凭证是在一定时期内，在一张凭证上，连续多次记录不断重复发生的同类经济业务的原始凭证，随时计算累计数及结余数，以便按计划或限额进行控制。
汇总凭证
汇总凭证是将一定时期内记录同类经济业务的若干张原始凭证汇总起来编制的原始凭证。
执行凭证
执行凭证是对某项经济业务执行后填制的原始凭证，可以证明经济业务已经完成。
计算凭证
计算凭证是某项经济业务完成后填制的原始凭证，可以证明经济业务已经完成。但是，该凭证上的数字是按照一定的方法计算后形成的。

图 4-10　原始凭证分类

4.2.2 原始凭证的基本要素

每一种原始凭证都必须客观、真实的记录和反映经济业务的发生和完成情况，必须明确有关单位、部门及人员的经济责任。这些要求，决定了每种原始凭证都必须具备的最基本的要素，如图 4-11 所示。

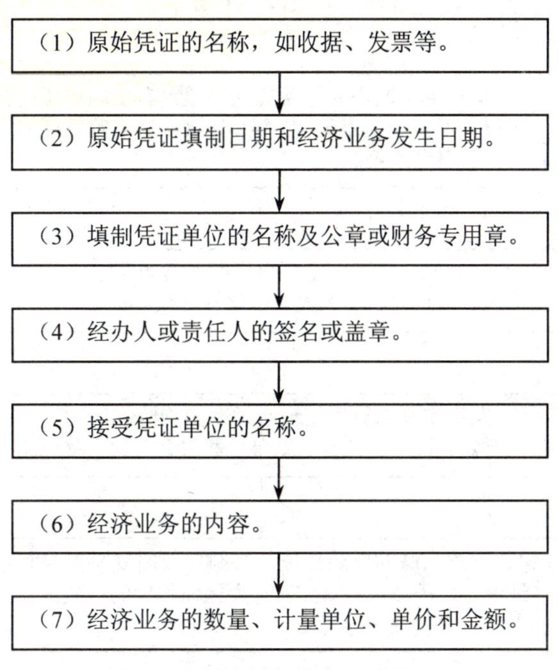

图 4-11 原始凭证的基本要素

有些原始凭证还应具备一些特殊内容和要求，如图 4-12 所示。

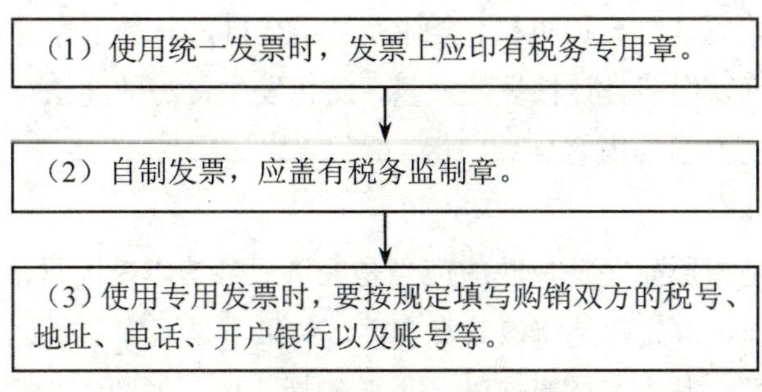

图 4-12 原始凭证的基本特殊要素

4.2.3 如何填制原始凭证

原始凭证大部分是由各单位业务经办人填制的，但也有少部分是由财务人员填制的，如各种收据、费用计提与摊销表、支票进账单等。为了使原始凭证能够准确、及时地反映各项业务活动的真实情况，提高会计核算的质量，在填写原始凭证时需要注意的事项，如图 4-13 所示。

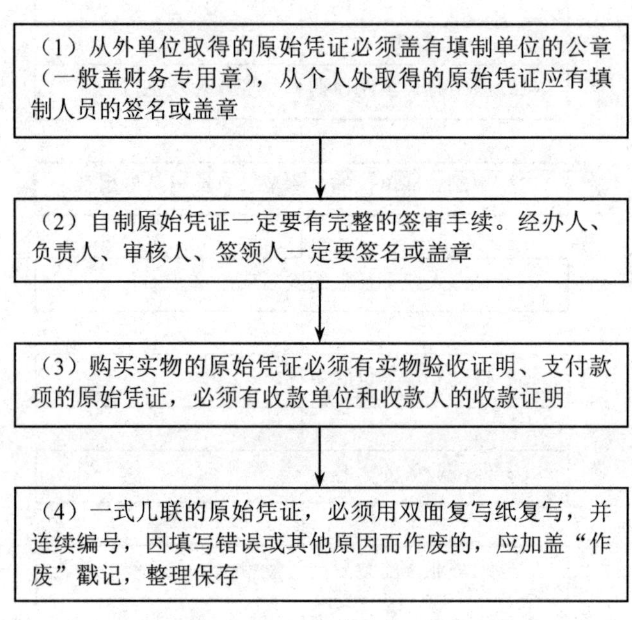

（1）从外单位取得的原始凭证必须盖有填制单位的公章（一般盖财务专用章），从个人处取得的原始凭证应有填制人员的签名或盖章
（2）自制原始凭证一定要有完整的签审手续。经办人、负责人、审核人、签领人一定要签名或盖章
（3）购买实物的原始凭证必须有实物验收证明、支付款项的原始凭证，必须有收款单位和收款人的收款证明
（4）一式几联的原始凭证，必须用双面复写纸复写，并连续编号，因填写错误或其他原因而作废的，应加盖“作废”戳记，整理保存

图 4-13　原始凭证填制要求

4.2.4 如何审核原始凭证

审核原始凭证是会计机构、会计人员结合日常财务工作进行会计监督的基本形式，它可以保证会计核算的质量，防止发生贪污的违法行为。审核原始凭证主要包括三方面的内容。

1. **真实性**

真实性是指原始凭证反映的应当是经济业务的本来面目，不得掩饰真实情况。审核凭证，首先就是审核其真实性，如果不是真实的凭证，也就谈不上完整性和合法性。其内容的真实性，主要包括几项，如图 4-14 所示。

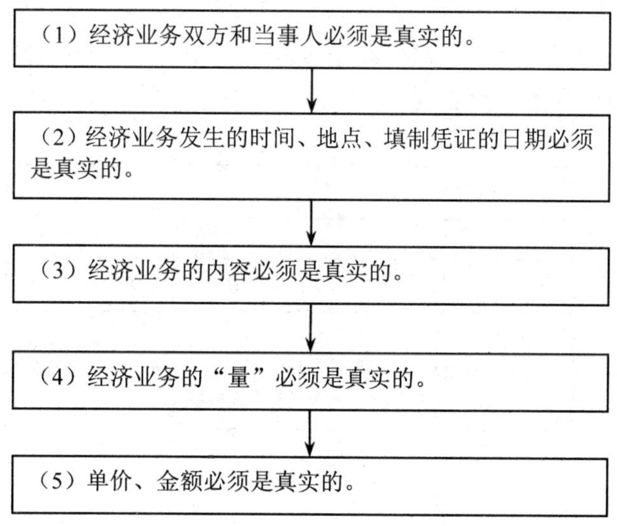

（1）经济业务双方和当事人必须是真实的。
（2）经济业务发生的时间、地点、填制凭证的日期必须是真实的。
（3）经济业务的内容必须是真实的。
（4）经济业务的“量”必须是真实的。
（5）单价、金额必须是真实的。

图 4-14　原始凭证真实性

2. 完整性

完整性是指原始凭证应具备的要素要完整，手续要齐全。具体包括以下几个步骤，如图 4-15 所示。

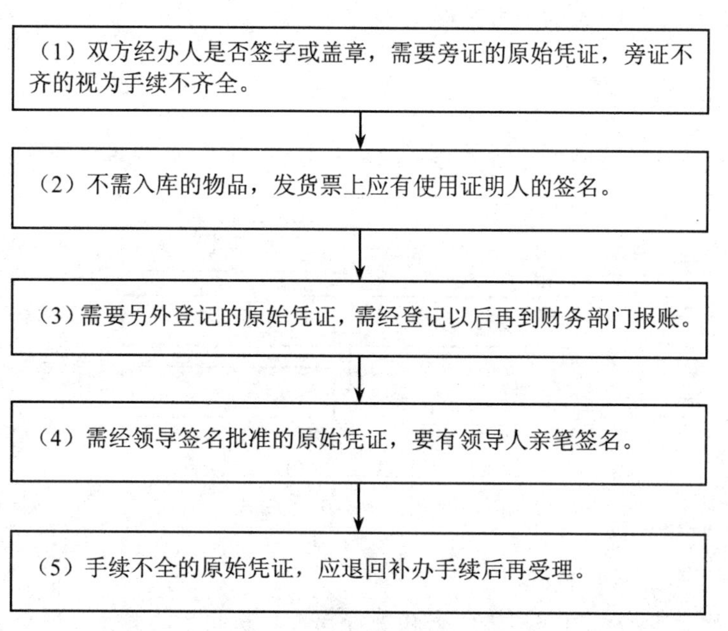

（1）双方经办人是否签字或盖章，需要旁证的原始凭证，旁证不齐的视为手续不齐全。
（2）不需入库的物品，发货票上应有使用证明人的签名。
（3）需要另外登记的原始凭证，需经登记以后再到财务部门报账。
（4）需经领导签名批准的原始凭证，要有领导人亲笔签名。
（5）手续不全的原始凭证，应退回补办手续后再受理。

图 4-15　原始凭证完整性

3. 合法性

合法性是指原始凭证符合按会计法规、会计制度和计划预算。在实际工作中，违法的原始凭证主要表现在以下几个方面，如图 4-16 所示。

（1）明显的假发票、假车票。

（2）虽然是真实的，但制度规定不允许报销。

（3）虽能报销，但制度对报销的比例或金额有明显的限制，超过比例和限额的不能报销。

图 4-16　原始凭证合法性

4.3　记账凭证

记账凭证是指会计人员根据审核无误的原始凭证，按照会计制度规定的内容，对经济业务进行编制书面凭证。编制记账凭证就是指将复杂的原始凭证转化成有序的会计分录的一个过程。

4.3.1　记账凭证的分类

记账凭证按反映的经济内容不同，一般分三种，如图 4-17 所示。

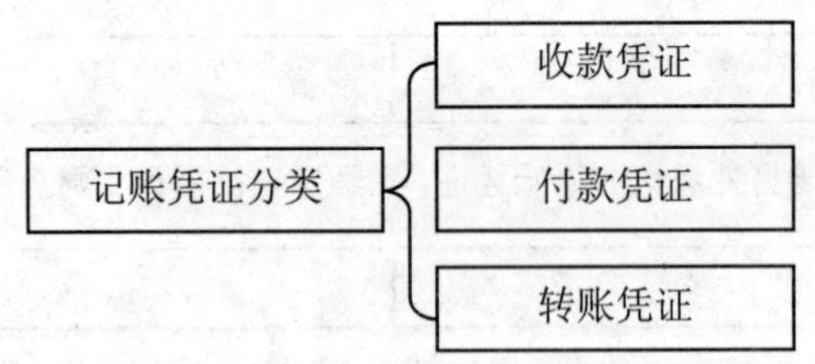

图 4-17　记账凭证按经济内容分类

1. 收款凭证

（1）收款凭证样式。

收款凭证是指用于记录现金和银行存款收款业务的会计凭证，如图 4-18 所示。

收款凭证

年 月 日

借方科目 收字第 号

摘要	贷方科目		记账	金额
	一级科目	二级或明细科目		
合计				

会计主管 记账 出纳 审核 制单（签章）

图 4-18 收款凭证

（2）收款凭证填写。

收款凭证是用来记录货币资金收款业务的凭证，它是由出纳人员根据审核无误的原始凭证收款后填制的。在借贷记账法下，在收款凭证左上方所填列的借方科目，应是“库存现金”或“银行存款”科目，凭证所反映的贷方科目，应填列与“库存现金”或“银行存款”相对应的科目，金额栏填列经济业务实际发生的数额，在凭证的右侧填写所附原始凭证张数，并在出纳及制单处签名或盖章。填写收款凭证应注意的事项，如图 4-19 所示。

（1）凭证左上角“借方科目”处，按照业务内容选填“银行存款”或“库存现金”科目。

↓

（2）凭证上方的“年、月、日”处，填写财务部门受理经济业务事项制证的日期。

↓

（3）凭证右上角的“字第 号”处，填写“银收”或“收”字和已填制凭证的的顺序编号。

↓

（4）“摘要”栏填写能反映经济业务性质和特征的简要说明。

↓

（5）贷方“一级科目”和“二级科目”栏填写与银行存款或现金收入相对应的一级科目及二级科目。

↓

（6）“金额”栏填写与同一行科目对应的发生额。

↓

（7）凭证右边“附件 张”处需填写所附原始凭证的张数。

↓

（8）凭证下边分别由相关人员签字或盖章。

↓

（9）“记账”栏则应在已经登记账簿后划“√”符号，表示已经入账，以免发生漏记或重记错误。

图 4-19 填制收款凭证注意事项

2. 付款凭证

（1）付款凭证样式。

付款凭证是指用于记录现金和银行存款付款业务的会计凭证，如图 4-20 所示。

收款凭证

年　月　日

借方科目　　　　　　　　　　　　　　　　收字第　号

摘要	贷方科目		记账	金额
	一级科目	二级或明细科目		
合计				

会计主管　　记账　　出纳　　审核　　制单（签章）

图 4-20　付款凭证

（2）付款凭证填写。

付款凭证是根据现金、银行存款付款的经济业务填制的。由出纳人员根据审核无误的原始凭证填制，程序是先付款，后填凭证。填写付款凭证应注意的事项，如图 4-21 所示。

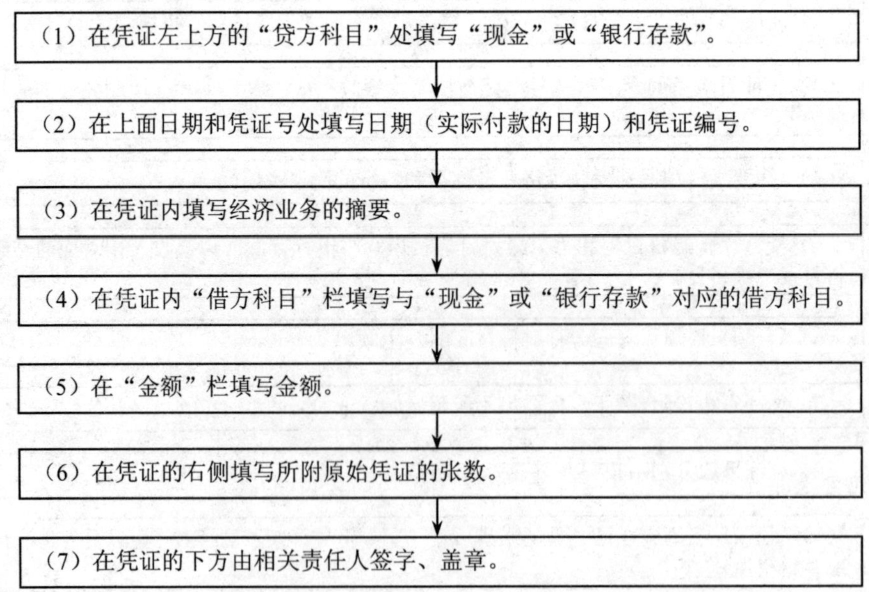

（1）在凭证左上方的“贷方科目”处填写“现金”或“银行存款”。
（2）在上面日期和凭证号处填写日期（实际付款的日期）和凭证编号。
（3）在凭证内填写经济业务的摘要。
（4）在凭证内“借方科目”栏填写与“现金”或“银行存款”对应的借方科目。
（5）在“金额”栏填写金额。
（6）在凭证的右侧填写所附原始凭证的张数。
（7）在凭证的下方由相关责任人签字、盖章。

图 4-21　填制付款凭证应注意事项

3. 转账凭证

（1）转账凭证样式。

转账凭证是指用于记录不涉及现金和银行存款的其他业务的会计凭证，如图 4-22 所示。

转账凭证

年　月　日

转字第　号

摘要	贷方科目		记账	金额
	一级科目	二级或明细科目		
合计				

会计主管　　记账　　出纳　　审核　　制单（签章）

图 4-22　转账凭证

（2）转账凭证填写。

转账凭证是根据转账业务（即不涉及现金和银行存款收付的各项业务）的原始凭证或汇总原始凭证填制的，用于填列转账业务会计分录的记账凭证。转账凭证是登记有关明细账与总分类账的依据。填写转账凭证应注意的事项，如图 4-23 所示。

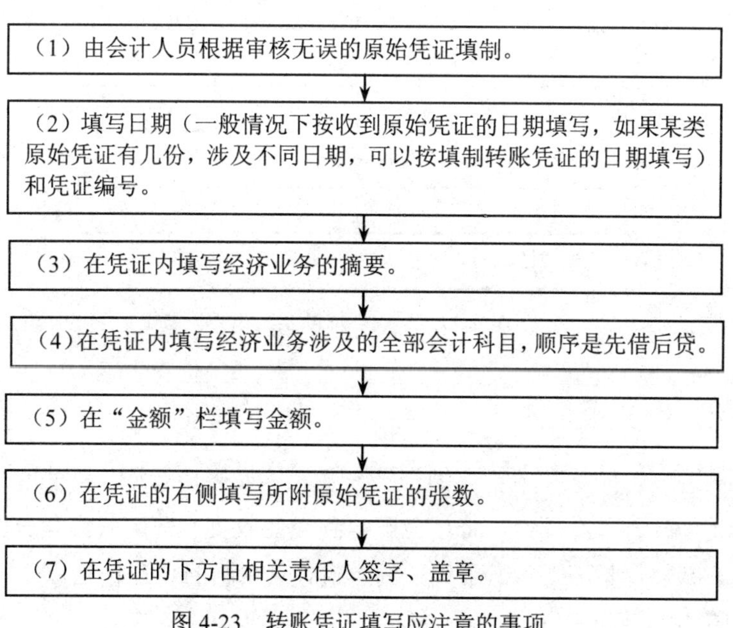
（1）由会计人员根据审核无误的原始凭证填制。
（2）填写日期（一般情况下按收到原始凭证的日期填写，如果某类原始凭证有几份，涉及不同日期，可以按填制转账凭证的日期填写）和凭证编号。
（3）在凭证内填写经济业务的摘要。
（4）在凭证内填写经济业务涉及的全部会计科目，顺序是先借后贷。
（5）在“金额”栏填写金额。
（6）在凭证的右侧填写所附原始凭证的张数。
（7）在凭证的下方由相关责任人签字、盖章。

图 4-23　转账凭证填写应注意的事项

在会计处理中，转账凭证用以编制不涉及“现金”和“银行存款”科目的会计分录。而涉及“现金”或者“银行存款”科目的会计分录，应当编制现金凭证或者银行凭证（也可以是收款凭证或者付款凭证）。

4.3.2 记账凭证基本内容

填制记账凭证，也称制单。在实际工作中，有的企业用自制的原始凭证汇总表代替记账凭证，不同企业记账凭证虽不完全相同，但是基本内容都是一样的。因此，记账凭证应该具备的基本内容，如图 4-24 所示。

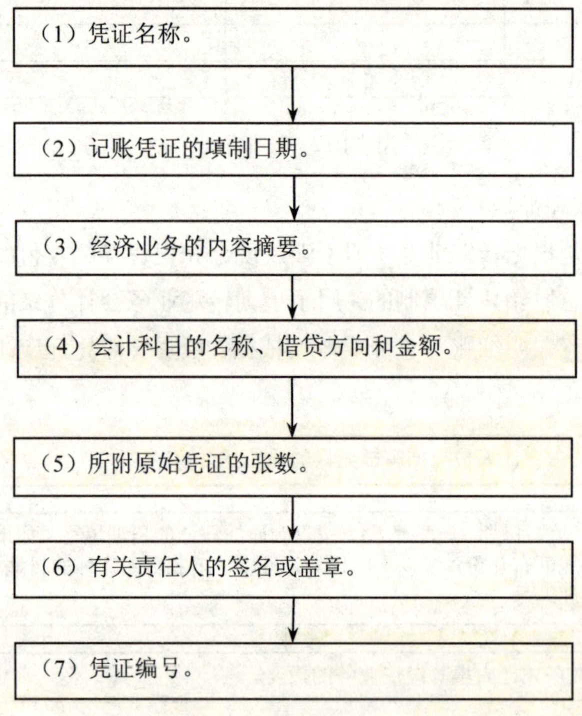

（1）凭证名称。
（2）记账凭证的填制日期。
（3）经济业务的内容摘要。
（4）会计科目的名称、借贷方向和金额。
（5）所附原始凭证的张数。
（6）有关责任人的签名或盖章。
（7）凭证编号。

图 4-24 记账凭证的基本内容

4.3.3 如何填制记账凭证

填制记账凭证是一项重要的会计工作，必须认真对待。如果填制出现差错，不仅影响到账簿登记，而且会影响到经费收支、费用归集与分配、成本计算和编制会计报表等。记账凭证的填制，应注意的事项包括以下几方面内容，如图 4-25 所示。

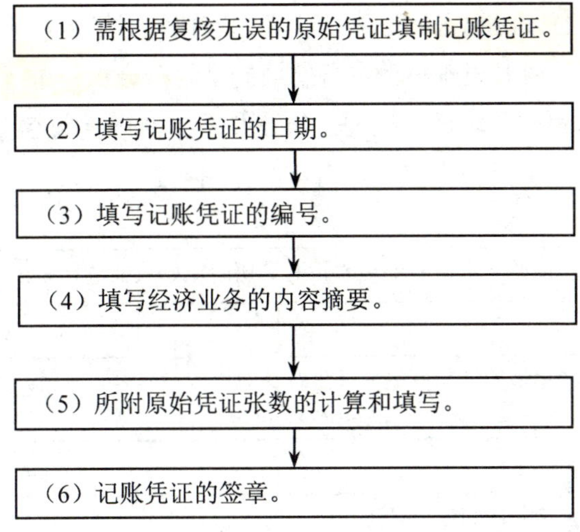

图 4-25　填写记账凭证的要求

填写记账凭证日期时，要做到以下几点要求，如图 4-26 所示。

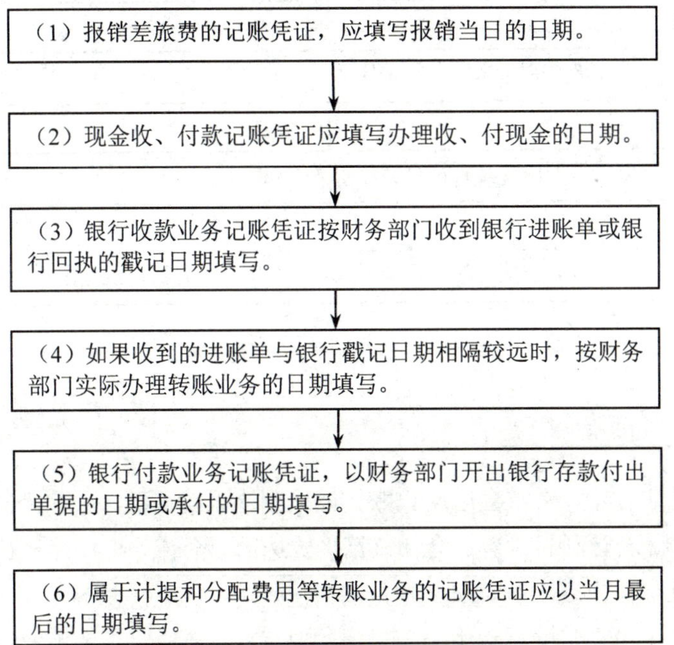

图 4-26　填制记账凭证日期的要求

4.3.4　如何审核记账凭证

为了保证和监督各种款项的收付、物资的收发、往来款项的结算以及账簿记录的准确性，必须对记账凭证进行认真的审核。不仅要对其所附原始凭证进行审核查对，而且要对记账凭证本身的填制是否符合规定进行复查。对记账凭证审核发现的问题应及时进行处理，如补办手续、补填内容或拒绝办理。

审核记账凭证，需要审核哪些内容，如图 4-27 所示。

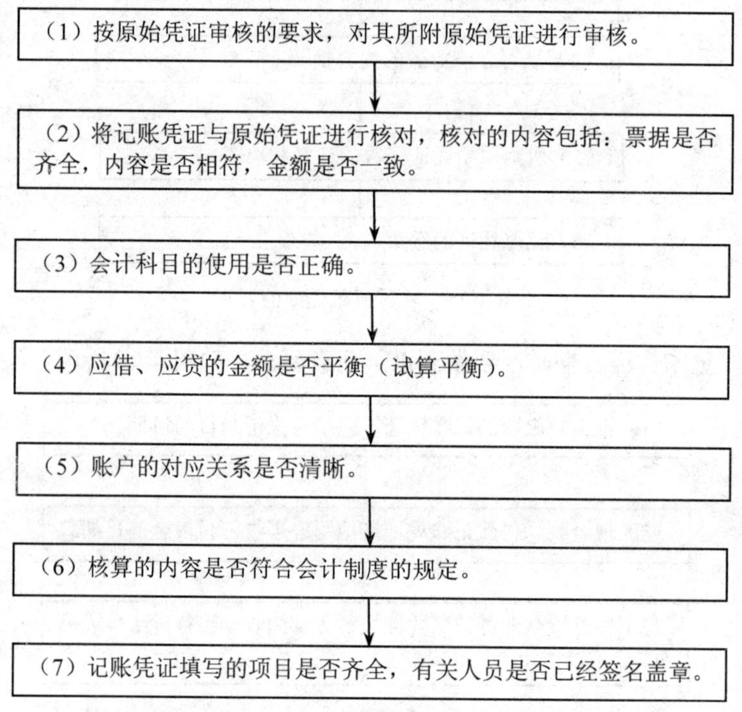

（1）按原始凭证审核的要求，对其所附原始凭证进行审核。
（2）将记账凭证与原始凭证进行核对，核对的内容包括：票据是否齐全，内容是否相符，金额是否一致。
（3）会计科目的使用是否正确。
（4）应借、应贷的金额是否平衡（试算平衡）。
（5）账户的对应关系是否清晰。
（6）核算的内容是否符合会计制度的规定。
（7）记账凭证填写的项目是否齐全，有关人员是否已经签名盖章。

图 4-27　记账凭证的审核内容

4.3.5　记账凭证错误的更正

在实际工作中，常常会出现记账凭证编制错误的情况。这种错误包括在会计凭证填制、会计科目设置、会计核算形式选用、会计处理程序设计等会计核算的各个环节，出现不符合财务规定的情况。

当出纳人员在记账过程中出现错误的时候，应当按照有关规定正确地进行修改，不能随心所欲的涂改、挖补或用修正带消除字迹，而要根据差错性质的不同，采用正确的更正方法来补救。常用的更正错误方法，主要包括以下几方面的内容：

（1）划线更正法。

划线更正法，又称红字更正法。在填制凭证过程中，如发现文字或数字记错时，可采用划线更正法进行更正，即先在错误的文字数字上划一红线，然后在划线上方填写正确的记录。在划线时，如果是数字错误，可只划错误数字，如图 4-28 所示。

记 账 凭 证

2011 年 12 月 31 日 第 271 号

摘要	科目	子账户	借方金额（千百十万千百十元角分）	贷方金额（千百十万千百十元角分）	帐页
客房酒水库存	营业成本	客房酒水	¥379969 ¥279369		
酒水	库存商品	酒水		¥379969	
合计			¥379969	¥379969	

附件 5 张

会计 记账 出纳 审核 填证

图 4-28 划线更正法

（2）红字更正法。

红字更正法，又称红字冲销法，即先用红字填制一张与原错误完全相同的记账凭证，据以用红字登记入账，冲销原有的错误记录，同时再用蓝字填制一张正确的记账凭证，注明“订正××年××月××日××号凭证”，据以登记入账，这样可以把原来的差错更正过来，如图 4-29 所示。

记 账 凭 证

2012年 5月 16日 第 272 号

摘要	科目	子账户	借方金额（千百十万千百十元角分）	贷方金额（千百十万千百十元角分）	帐页
收化妆间房租	现金		250000		
收化妆间房租	管理费用	租赁费	250000		
合计			0	0	

附件 1 张

会计 记账 出纳 审核 填证

图 4-29 红字冲销法

例题 1

在月末结账前发现所填制的记账凭证无误，但根据记账凭证登记账簿时，将 1568 元记错，按照有关规定，更正时应采用的错账更正方法是（　　）。

A. 划线更正法　　B. 红字更正法

C. 补充登记法　　D. 平行登记法

答案：A

【解析】本题考察错账更正方法的适用条件，本题属于记账凭证无误，账簿记录金额有误，所以应采用划线更正法进行更正。

例题 2

某企业购入材料一批，已经验收入库，货款 3 万已用银行存款支付（不考虑其他因素），根据这项业务所填制的会计凭证是（　　）。

A. 现金收款凭证

B. 现金付款凭证

C. 银行存款收款凭证

D. 银行存款付款凭证

答案：D

【解析】本题考察记账凭证种类。企业用银行存款购入材料，会造成银行存款减少，应该编制银行存款付款凭证。

例题 3

错账更正时，划线更正法的适用范围是（　　）。

A. 记账凭证中会计科目或借贷方向错误，导致账簿记录错误

B. 记账凭证正确，登记账簿时发生文字或数字错误

C. 记账凭证中会计科目或借贷方向正确，所记金额大于应记金额，导致账簿记录错误

D. 记账凭证中会计科目或借贷方向正确，所记金额小于应记金额，导致账簿记录错误

答案：B

【解析】本题考察划线更正法的适用范围。

4.4 小结

本章具体讲述了有关凭证的方方面面，从凭证分类的各种使用用途，到原始凭证和记账凭证的具体用途，都做了详细的介绍，并举例给读者说明，虽然文字不多，但是包含得很全面。其实万变不离其宗，不管在工作中遇到怎样的问题，只要掌握好这些基础问题，困难就会迎刃而解。

出纳人员还有一项重要的工作内容，就是把每天发生的工作事项，通过一种叫做账簿的形式表现出来，具体操作方法将在第 5 章做详细阐述。

第5章

"循序渐进"——出纳账簿

账簿是企业重要的经济档案。一般来说，企业的大部分账簿都要至少每年更换一次，如总分类账、明细分类账及现金、银行存款日记账等。

5.1 出纳账簿基本要求

登记账簿是以会计凭证为依据，在账簿上连续地、系统地、完整地记录经济业务的专门方法。由于会计凭证对经济业务的记录是分散的，每一张记账凭证通常只反映一项经济业务。为得到系统化的核算资料，必须对分散在会计凭证上的资料进行整理，通过账簿登记和结算，就能达到这一目的。账簿记录必须严格以记账凭证为依据，并且要定期结账，从而及时、系统地反映会计单位经济活动和财务收支状况，为编制会计报表和企业内部管理提供必要的、有用的信息。登记账簿有很多要求，具体内容在本章做基本阐述。

5.1.1 怎样填写账簿启用表

账簿是重要的会计档案和历史资料。启用会计账簿时，应当在账簿封面上写明单位名称和账簿名称。在账簿扉页上应当附启用表，内容包括启用日期、账簿页数、记账人员和会计机构负责人、会计主管人员姓名，并加盖名章和单位公章。

记账人员或会计机构负责人、会计主管人员调动时，应当注明交接日期、接办人员或者监交人员姓名，并由交接双方人员签名或者盖章。账簿启用表的格式如图 5-1 所示。

账簿启用表

<table>
<tr><td colspan="2">单位名称</td><td colspan="8"></td><td>单位公章</td></tr>
<tr><td colspan="2">账簿名称</td><td colspan="8"></td><td rowspan="4"></td></tr>
<tr><td colspan="2">账簿编号</td><td colspan="8"></td></tr>
<tr><td colspan="2">账簿页数</td><td colspan="8"></td></tr>
<tr><td colspan="2">启用日期</td><td colspan="8"></td></tr>
<tr><td colspan="2">经管人员</td><td colspan="3">接管日期</td><td colspan="3">移交日期</td><td colspan="2">会计主管</td><td>印花税票黏贴处</td></tr>
<tr><td>姓名</td><td>盖章</td><td>年</td><td>月</td><td>日</td><td>年</td><td>月</td><td>日</td><td>姓名</td><td>盖章</td><td rowspan="2"></td></tr>
<tr><td></td><td></td><td></td><td></td><td></td><td></td><td></td><td></td><td></td><td></td></tr>
</table>

图 5-1 账簿启用表

5.1.2 启用会计账簿时怎样填写扉页

扉页主要列明了科目索引及账簿使用登记表。一般将科目索引列于账簿最前面，将账簿使用登记表列于账簿最后面。科目索引表的格式如图 5-2 所示，账簿使用登记表的格式如图 5-3 所示。

科目索引

页数	科目	页数	科目	页数	科目	页数	科目	页数

图 5-2 科目索引表

账簿使用登记表

<table>
<tr><td>使用者名称</td><td colspan="3"></td><td>印鉴</td></tr>
<tr><td>账簿名称</td><td colspan="3"></td><td rowspan="4"></td></tr>
<tr><td>账簿编号</td><td colspan="3"></td></tr>
<tr><td>账簿页数</td><td colspan="3">本账簿共计 页</td></tr>
<tr><td>启用日期</td><td colspan="3">年 月 日</td></tr>
<tr><td rowspan="2">责任者</td><td>主管</td><td>会计</td><td>记账</td><td>审核</td></tr>
<tr><td></td><td></td><td></td><td></td></tr>
<tr><td rowspan="8">经管人姓名
及接交日期</td><td colspan="2">经管 年 月 日</td><td rowspan="2"></td><td rowspan="2"></td></tr>
<tr><td colspan="2">交出 年 月 日</td></tr>
<tr><td colspan="2">经管 年 月 日</td><td rowspan="2"></td><td rowspan="2"></td></tr>
<tr><td colspan="2">交出 年 月 日</td></tr>
<tr><td colspan="2">经管 年 月 日</td><td rowspan="2"></td><td rowspan="2"></td></tr>
<tr><td colspan="2">交出 年 月 日</td></tr>
<tr><td colspan="2">经管 年 月 日</td><td rowspan="2"></td><td rowspan="2"></td></tr>
<tr><td colspan="2">交出 年 月 日</td></tr>
<tr><td>备考</td><td colspan="4"></td></tr>
</table>

图 5-3 账簿使用登记表

5.1.3 怎样保管和更换账簿

1. 账簿的保管

账簿更换以后，需要将其活页加上封面装订起来，由财务主管人员签字盖章后，与订本账一起造册归档。归档时，需要填写归档登记表，以明确责任。会计账簿都有一定的保管期限，对各类不同用途，不同内容的账簿，其规定的保管期限也不同，如图 5-4 所示。

会计账簿的保管期限

账簿	保管期限	说明
总账	15年	
日记总账		
备查账簿		
现金日记账	25年	
银行日记账		
固定资产卡片	5年	在固定资产清理报废后

图 5-4 会计账簿保管期限

2. 账簿的更换

一般来说，企业的大部分账簿都要至少每年更换一次，如总分类账、明细分类账及现金、银行存款日记账等。由于固定资产数量多、变化小，所以固定资产明细账可以延续适用，固定资产卡片可以使用多年。

5.1.4 怎样查找错账

在日常的会计核算中，发生差错的现象时有发生，其原因是多种多样的，概括起来主要包括两方面内容，如图 5-5 所示。

（1）会计凭证填制错误。主要表现在：记录内容有误、计算错误、会计科目运用错误，记账方向（借贷方向）错误、借贷金额有误。

（2）记账错误。主要表现在：账簿记录出现重记、漏记、混记、错记等情况。

图 5-5 会计差错的两方面内容

在发生错账时，一般按照以下程序来进行处理，如图 5-6 所示。

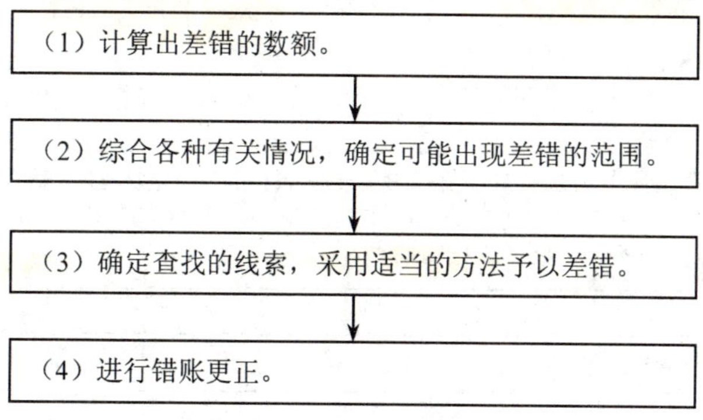

图 5-6　处理错账的程序

在实际工作中，查找错账的方法有很多，主要运用的是顺查法、逆查法和抽查法。

1. 顺查法

顺查法也叫正查法，是按照原来账务处理的顺序从头到尾进行普遍查找的方法。这种方法可以发现重记、漏记、错记科目、错记金额等错误。

顺查法主要用于期末对账簿进行的全面核对和不规则的错误查找，其优点是查找的范围大，不易遗漏，缺点是工作量大，需要时间长。所以，在实际工作中，一般是在采用其他方法查不到错误的情况下采用这种方法，具体的查找步骤如图 5-7 所示。

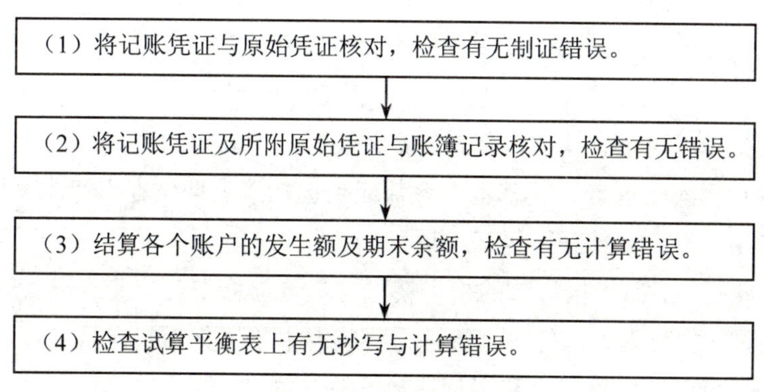

（1）将记账凭证与原始凭证核对，检查有无制证错误。
（2）将记账凭证及所附原始凭证与账簿记录核对，检查有无错误。
（3）结算各个账户的发生额及期末余额，检查有无计算错误。
（4）检查试算平衡表上有无抄写与计算错误。

图 5-7　顺查法步骤

2. 逆查法

逆查法也叫反查法，是指按照与原来账务处理程序相反的顺序，从尾到头地普遍检查的方法。如果认为错误可能出在当天最后几笔业务或者当月最后几天的业务上，那么，按照这样倒过来的顺序查找，有时可能事半功倍。具体的查找步骤如图 5-8 所示。

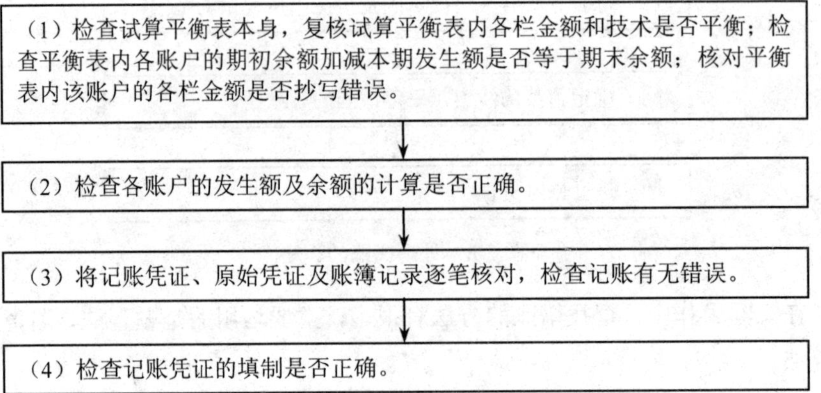

（1）检查试算平衡表本身，复核试算平衡表内各栏金额和技术是否平衡；检查平衡表内各账户的期初余额加减本期发生额是否等于期末余额；核对平衡表内该账户的各栏金额是否抄写错误。
（2）检查各账户的发生额及余额的计算是否正确。
（3）将记账凭证、原始凭证及账簿记录逐笔核对，检查记账有无错误。
（4）检查记账凭证的填制是否正确。

图 5-8　逆查法步骤

3. 抽查法

抽查法是指抽取账簿记录当中的一部分进行局部检查的方法。当发现账簿记录有差错，可根据差错的具体情况从账簿中抽查部分内容，而不必核对全部内容。

例如，差错数字只有在角位、分位或者百位、千位的数字，其他数字不必去查。这样缩小查找范围，比较省力而且有效。

5.1.5　怎样编制出纳报告单

出纳报告单属于企业的内部报告，并没有一个固定的形式。但是，无论企业采取哪种形式的报告，其基本内容都应当包括“上期结存”、“本期收入”、“本期支出”、“期末结存”等基本项目。

通常情况下，出纳报告单的报告期可与本单位总账会计汇总记账的周期相一致。但是，如果因为单位内部管理需要或者本单位货币收支数量较大，那么出纳报告单就可以根据现金和银行存款的情况每日一报。

出纳报告单上的内容必须与出纳日记账等有关明细账和备查账簿的内容相符，保证出纳信息的真实、完整和准确。出纳报告单的格式如图 5-9 所示，出纳报告单的内容如图 5-10 所示。

出纳报告单

单位名称：　　　　年　月　日至　年　月　日　　　　编号：

项目	库存现金	银行存款	有价证券	备注
上期结存				
本期收入				
合计				
本期支出				
本期结存				

主管：　　记账：　　出纳：　　复核：　　制单：

图 5-9　出纳报告单

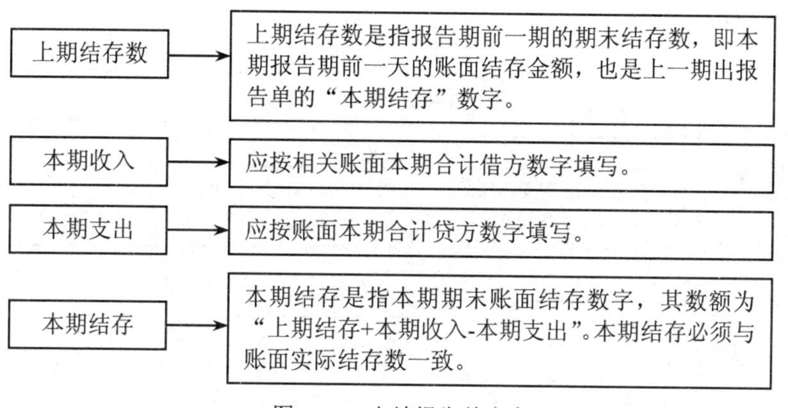

图 5-10　出纳报告单内容

5.2　出纳日记账

出纳日记账是一种特殊的明细账。为了加强现金和银行存款的管理和核算，各单位通常都应当设置现金日记账和银行存款日记账，以便逐日核算和监督现金与银行存款的收入、付出和结存情况。

不管是企业、事业单位还是机关、团体、部队，也不管其规模大小，都存在着货币资金收付业务。为了反映货币资金的收支和结存情况，都需要设置出纳日记账。出纳日记账是出纳员用以记录和反映货币资金增减变动情况和结存情况的账簿，包括两方面，如图 5-11 所示。

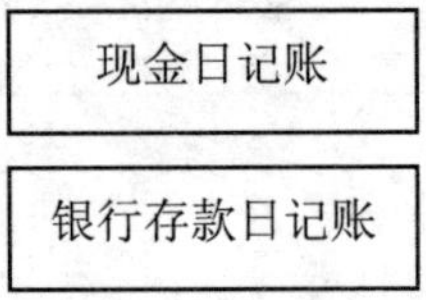

现金日记账

银行存款日记账

图 5-11　日记账分类

必须说明的是，现金日记账和银行存款日记账必须采用订本式账簿，不得用银行对账单或者其他方式代替日记账。

5.2.1　怎样选择合适的日记账

不同的单位，其经济的性质不同，规模大小不同，经营管理的要求不同，相应地需要设置的出纳日记账的种类、格式也就不同。具体分为以下几种选择方法，如图 5-12 所示。

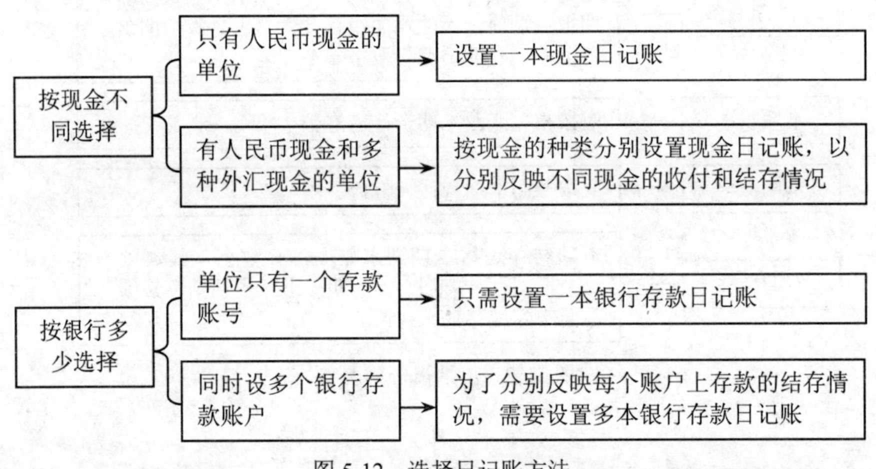

图 5-12　选择日记账方法

5.2.2　怎样登记现金日记账

现金日记账是指按照现金收、付业务发生或完成时间的先后顺序，逐笔登记，用来反映现金的增减变动与结存情况的账簿。

现金日记账是专门记录现金收付业务的特种日记账，一般由出纳人员负责填写。现金日记账既可用作明细账，也可用于过账媒介。现金日记账通常是根据审核后的现金收款、付款凭证逐日逐笔按照经济业务发生的顺序进行登记的。为了加强对企业现金的监管，现金日记账采用订本式账簿，如图 5-13 所示。

现金日记账

2006年		凭证		摘要	对应科目	借方								贷方								借或贷	余额							
月	日	字	号			拾	万	千	百	拾	元	角	分	拾	万	千	百	拾	元	角	分		拾	万	千	百	拾	元	角	分
5	1			承前页																		借				3	0	0	0	0
6	2		6	取备用金	银行存款			8	0	0	0	0	0									借			8	3	0	0	0	0
6	2		8	出差借款	其他应收款											3	0	0	0	0	0	借			5	3	0	0	0	0
6	2		9	购办公用品	管理费用												3	0	0	0	0	借			5	0	0	0	0	0
6	2		10	卖废品收入	营业外收入				2	0	0	0	0									借			5	2	0	0	0	0

图 5-13 现金日记账

登记现金日记账的要求是：分工明确、专人负责、凭证齐全、内容完整、登记及时、账款相符、数字真实、表达准确、书写工整、摘要清楚、便于查阅、不重记、不漏记、不错记、按期结账、不拖延积压、按规定方法更正错账等。登记现金日记账的注意事项如图 5-14 所示。

（1）出纳人员在办理现金收、付款时，应当对收款凭证和付款凭证进行仔细的复核，并以经过复核无误的收、付款记账凭证和其所附原始凭证作为登记现金日记账的依据。

↓

（2）每一笔账都要记明记账凭证的日期、编号、摘要、金额和对应科目等，经济业务的摘要不能过于简略，应以能够清楚地表达业务内容为度，便于事后查对。

↓

（3）为了及时掌握现金收、付和结余情况，现金日记账必须当日账务当日记录，并于当日结出余额。有些现金收、付业务频繁的单位，还应随时结出余额，以掌握收、支计划的执行情况。

↓

（4）现金日记账采用订本式账簿，其账页不得以任何理由撕去，作废的账页也应留在账簿中，记账时必须按页次、行次、位次顺序登记，不得跳行或隔页登记，如不慎发生跳行、隔页时，应在空页或空行中间划线加以注销，或注明“此行空白”、“此页空白”字样，并由记账人员盖章，以示负责。

↓

（5）文字和数字必须整洁清晰，准确无误。记录金额时，如为没有角分的整数，应分别在角分栏内写上“0”，不得省略不写，或以“-”号代替。阿拉伯数字一般可自左向右适当倾斜，以使账簿记录整齐、清晰。

↓

（6）使用钢笔，以蓝、黑色墨水书写，不得使用圆珠笔（银行复写账簿除外）或铅笔书写。但按照红字冲账凭证冲销错误记录及会计制度中规定用红字登记的业务可以用红色墨水记账。

↓

（7）现金日记账必须逐日结出余额，每月月末必须按规定结账。现金日记账不得出现贷方余额（或红字余额）。

图 5-14 登记现金日记账的注意事项

5.2.3 怎样核对现金日记账

为了使现金日记账的账面记录完整与准确，使其与有关的账目、款项相符，出纳人员在收、付现金以后，要及时记账，并且要按照一定的程序进行对账。

对账，就是对账簿记录的内容进行核对，使账证、账账和账实相符的过程。现金日记账的账证核对，主要是指现金日记账的记录与有关的收、付款凭证进行核对；账账核对，则是指现金日记账与现金总分类账的期末余额进行核对；账实核对，则是指现金日记账的余额与实际库存数额的核对。如图 5-15 所示。

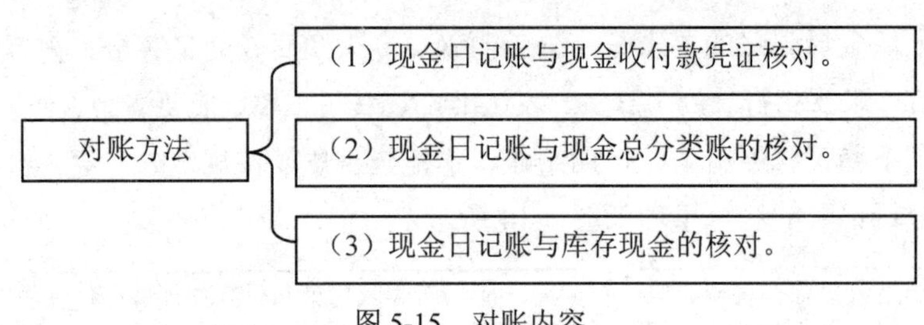

图 5-15　对账内容

（1）现金日记账与现金收付款凭证核对。

收、付款凭证是登记现金日记账的依据，账目和凭证应该是完全一致的。但是，在记账过程中，由于工作粗心等原因，往往会发生重记、漏记、记错方向或记错数字等情况。账证核对要按照业务发生的先后顺序一笔一笔地进行，检查的项目如图 5-16 所示。

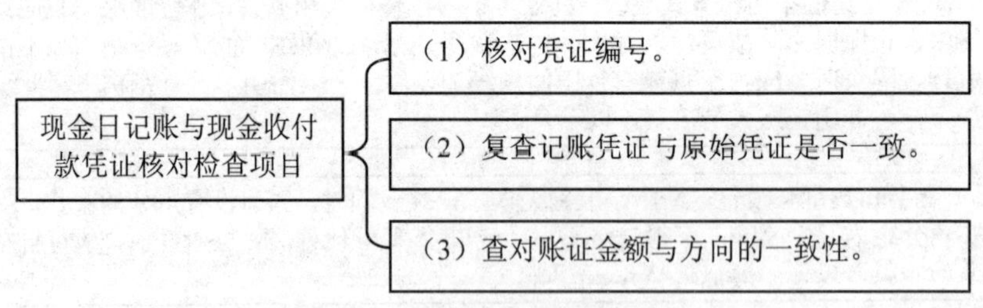

图 5-16　账证核对检查项目

（2）现金日记账与现金总分类账的核对。

现金日记账是根据收、付款凭证逐笔登记的，现金总分类账是根据收、付款凭证汇总登记的，记账的依据是相同的，记录的结果应该完全一致。但是，由于两种账簿是由不同人员分别记账，而且总账一般是汇总登记，在汇总和登

记过程中，都有可能发生差错。日记账则是一笔一笔记录的，记录的次数很多，也难免发生差错。因此，对于现金日记账与现金总分类账的核对，具体步骤如图 5-17 所示。

现金日记账与现金总分类账的核对步骤
（1）出纳应定期出具“出纳报告单”与总账会计进行核对。
（2）时要经常核对两账的余额每月终了结账后，一定要将总分类账分别同现金日记账余额相互核对，查看账账之间是否完全相符。

图 5-17　现金日记账与现金总分类账的核对步骤

（3）现金日记账与库存现金的核对。

出纳人员在每天业务终了以后，应自行清查账款是否相符。具体操作步骤如图 5-18 所示。

现金日记账与库存现金的核对步骤
（1）首先结出当天现金日记账的账面余额，再盘点库存现金的实有数，看两者是否完全相符。
（2）凡是有当天来不及登记的现金收、付款凭证的，均应按“库存现金实有数+未记账的付款凭证金额-未记账的收款凭证金额=现金日记账账存余额”的公式进行核对。

图 5-18　现金日记账与库存现金核对步骤

企业领导和会计业务主管部门可组织对本单位出纳人员的库存现金进行定期的和不定期的清查，清查完毕，要编制库存现金查点报告表。

5.2.4　怎样登记银行存款日记账

银行存款日记账是记录和反映本单位在经济业务中由于使用银行转账结算而使银行存款发生增减变动及其结存情况的账簿。银行存款日记账通常是根据审核后的银行收款、付款凭证逐日逐笔按照经济业务发生的顺序进行登记的，为了加强对企业银行存款的监管，银行存款日记账采用订本式账簿。

银行存款日记账是用来核算和监督银行存款每天的收入、支出和结存情况的账簿。由出纳人员根据与银行存款收付有关的记账凭证，如银行收款、银行付款（提现业务）凭证，逐日逐笔进行登记，并随时结记余额。银行存款日记账格式如图 5-19 所示。

银行存款日记账

2006年		凭证		摘要	对应科目	结算凭证	借方								贷方								借或贷	余额							
月	日	字	号				拾	万	千	百	拾	元	角	分	拾	万	千	百	拾	元	角	分		拾	万	千	百	拾	元	角	分
5	1			承前页																			借		1	0	0	0	0	0	0
6	3		3	提现	现金	现支31											3	0	0	0	0	0	借			7	0	0	0	0	0
6	3		5	支付购货款	材料	转支83											3	5	0	0	0	0	借			3	5	0	0	0	0
6	3		7	收到货款	应收账款	转收111		3	0	0	0	0	0	0									借		3	3	5	0	0	0	0
6	3		9	支付购货款	材料	转支116											8	0	0	0	0	0	借		2	5	5	0	0	0	0

图 5-19　银行存款日记账

5.2.5　怎样核对银行存款日记账

银行存款日记账与现金日记账的核对方法有一定的区别。现金日记账的账实核对是通过库存现金实地盘点查对的，而银行存款日记账的账实核对无法进行存款的实地盘点查对，它要通过与银行送来的对账单进行核对。所以银行存款日记账的核对主要包括以下三项内容，如图 5-20 所示。

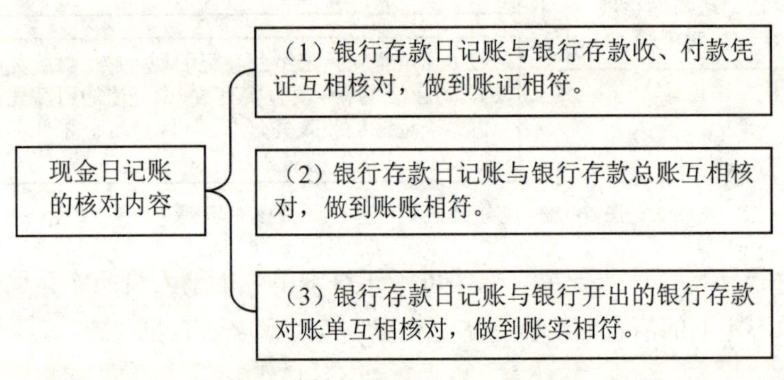

图 5-20　银行存款日记账的核对

前两项内容的核对，与现金日记账的核对基本相同。下面着重介绍“银行存款日记账与银行开出的银行存款对账单互相核对，做到账实相符”。

银行开出的“银行存款对账单”是银行对本企业在银行的存款进行序时核算的账簿记录的复制件，所以与“银行存款对账单”进行核对，实际上是与银行进行账簿记录的核对。

企业银行存款日记账的记录与银行开出的“银行存款对账单”无论是发生额，还是期末余额都应该是完全一致的，因为它们是对同一账户存款的记录。但是，通过核对，会发现双方的账目经常出现不一致的情况。原因有两个，如

图 5-21 所示。

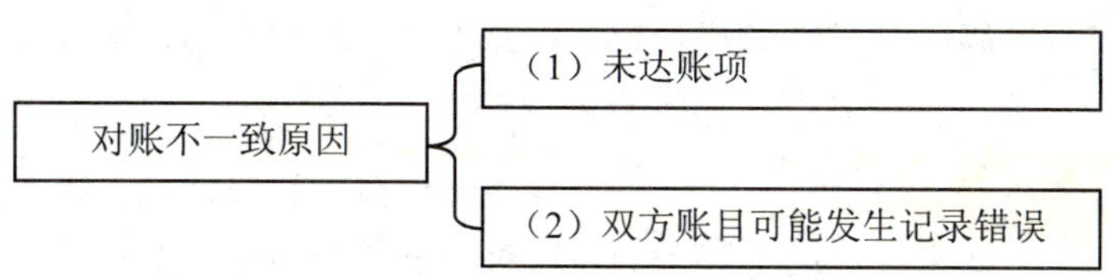

图 5-21 对账不一致原因

无论是“未达账项”，还是双方账目记录有误，都要通过企业银行存款日记账的记录与银行开出的“银行存款对账单”进行逐笔“勾对”才能发现。

未达账项是指银行收、付款结算凭证在企业和开户银行之间传递时，由于收到凭证的时间不同而发生的一方已经入账，而另一方尚未入账，从而造成企业银行存款日记账记录与银行对账单记录不符。

未达账项是银行存款收付结算业务中的正常现象，主要有以下四种情况，如图 5-22 所示。

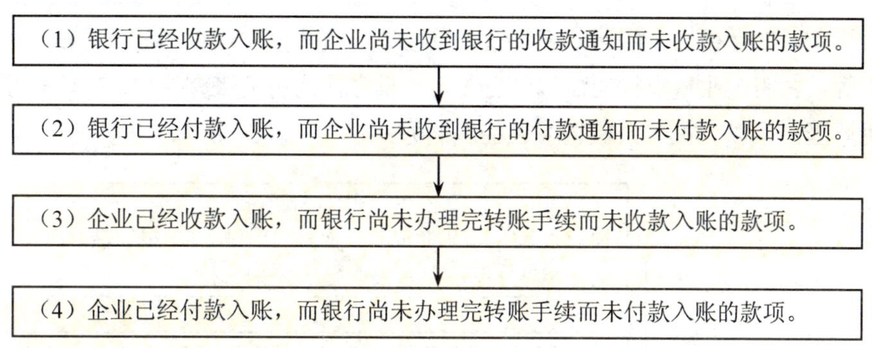

图 5-22 未达账项四种情况

出现第一和第四种情况时，会使开户单位银行存款账面余额小于银行对账单的存款余额；出现第二种和第三种情况时，会使开户单位银行存款账面余额大于银行对账单的存款余额。无论出现哪种情况，都会使开户单位存款余额与银行对账单存款余额不一致，很容易开出空头支票，对此，必须编制“银行存款余额调节表”进行调节。

5.2.6 银行对账单的用处

每月初，银行会给存款人一份银行对账单，汇总该存款账户上个月的变动情况。银行对账单会列示月初账户余额、该期间银行所收到的每笔存款与其他收入款、付款金额以及月底账户余额。企业可以以此为依据，核对银行日记账的记录是否正确，并编制银行存款余额调节表。

具体对账过程，就是核对银行日记账与银行对账单上的每一笔发生额，是否能一一对应，如果有对应不起来的，核对一下是否为未达账项，如果不是未达账项，则要检查看是不是有记账错误了。

5.2.7 怎样编制银行存款余额调节表

银行存款余额调节表可以作为银行存款科目的附列资料保存。编制该表的的主要目的是为了核对企业账目与银行账目的差异，也便于检查企业与银行账目是否存在差错。

1. 余额调节表的编制方法

余额调节法，是在银行对账单余额与企业账面存款余额的基础上，各自加上对方已收、本单位未收账项数额，减去对方已付、本单位未付账项数额，然后编制“银行存款余额调节表”验证经过调节后的存款是否相等的方法。如果相等，表明企业和银行的账目没有差错；反之，说明记账有错误，应进一步查明原因，予以更正。余额调节表的编制方法，如图 5-23 所示。

余额调节表的编制方法

（1）企业账面存款余额=银行对账单存款余额+企业已收而银行未收账项-企业已付而银行未付账项+银行已付而企业未付账项-银行已收而企业未收账项

（2）银行对账单存款余额=企业账面存款余额+企业已付而银行未付账项-企业已收而银行未收账项+银行已收而企业未收账项-银行已付而企业未付账项

（3）银行对账单存款余额+企业已收而银行未收账项-企业已付而银行未付账项=企业账面存款余额+银行已收而企业未收账项-银行已付而企业未付账项，账通过核对调节，“银行存款余额调节表上的双方余额相等，一般可以说明双方记账没有差错

图 5-23　余额调节表的编制方法

2. 银行存款余额调节表的公式

银行存款余额调节表，是在银行对账单余额与企业账面余额的基础上，各

自加上对方已收、本单位未收账项数额，减去对方已付、本单位未付账项数额，以调整双方余额使其一致的一种调节表格。

通过核对调节，“银行存款余额调节表”上的双方余额相等，一般可以说明双方记账没有差错。如果经调节后仍不相等，要么是未达账项未全部查出，要么是一方或双方记账出现差错，需要进一步采用对账方法查明原因，加以更正。调节相等后的银行存款余额是当日可以动用的银行存款实有数。对于银行已经划账，而企业尚未入账的未达账项，要待银行结算凭证到达后，才能据以入账，不能以“银行存款调节表”作为记账依据。

例：某企业 2012 年 3 月 5 日进行银行对账，3 月 1 日到 3 月 5 日企业银行存款日记账账面记录与银行出具的 3 月 5 日对账单资料及对账后核对的情况如下：

企业对账单

日期	凭证号	摘要	借方	贷方	方向	余额	标记
2012-3-1		期初余额			借	100,000.00	
2012-3-1	银付-001	付料款		30,000.00	借	70,000.00	√
2012-3-1	银付-002	付料款		20,000.00	借	50,000.00	√
2012-3-1	银收-001	收销货款	10,000.00		借	60,000.00	√
2013-3-2	银收-002	收销货款	20,000.00		借	80,000.00	√
2012-3-2	银付-003	交税金		80,000.00	借	0.00	√
2012-3-3	银收-003	收销货款	60,000.00		借	60,000.00	
2012-3-3	银付-004	取备用金		20,000.00	借	40,000.00	
2012-3-5		期末余额			借	40,000.00	

银行对账单

日期	摘要	账单号	借方	贷方	方向	余额	标记
2012-3-1	期初余额				贷	100,000.00	
2012-3-2	转支	0000501	30,000.00		贷	70,000.00	√
2012-3-2	转支	0000602	20,000.00		贷	50,000.00	√
2012-3-2	收入存款	0000103		10,000.00	贷	60,000.00	√
2012-3-3	收入存款	0000544		20,000.00	贷	80,000.00	√
2012-3-3	转支	0000185	80,000.00		贷	0.00	√
2012-3-4	收入存款	0000066		80,000.00	贷	80,000.00	
2012-3-4	付出	0000207	70,000.00		贷	10,000.00	
2012-3-5	期末余额					10,000.00	

编制银行存款余额调节表：

银行存款余额调节表					
项目	金额	未达账项在资产负债表日后的入账情况			备注
单位账面余额	40,000.00				
加：一、银收企未收		日期	企业凭证号	科目	
1.收存货款	80,000.00				
二、企付银未付		日期	银行账单号	金额	
1、取备用金	20,000.00				
加项合计：	100,000.00				
减：一、银付企未付		日期	企业凭证号	科目	
1、付出	70,000.00				
二、企收银未收		日期	银行账单号	金额	
1、收销货款	60,000.00				
减项合计：	130,000.00				
调节余额	10,000.00		对账单余额	10,000.00	

调节后的余额既不是企业银行存款日记账的余额，也不是银行对账单的余额，它是企业银行存款的真实数字，也是企业当日可以动用的银行存款的最大值。

5.2.8 根据多栏式日记账登记总账时的处理方法

在根据多栏式现金日记账和银行存款日记账登记总账的情况下，账务处理有如下两种做法，如图 5-24 所示。

总之，采用多栏式现金和银行存款日记账可以减少收、付款凭证的汇总编制手续，简化总账登记工作，而且可以清晰地反映账户的对应关系，了解现金和银行存款收付款项的来龙去脉。

例题 1

账户的基本结构不包括（　　）。

A. 账户名称　　　　B. 经济业务日期

C. 启用日期　　　　D. 经济业务摘要

答案：C

【解析】本题考察账户的基本结构，账户的基本结构具体包括：账户的名称、记录经济业务的日期、所依据记账凭证编号、经济业务摘要、增加和减少的金额及余额。

方法一

（1）由出纳人员根据审核后的收、付款凭证逐日逐笔登记现金和银行存款的收入日记账和支出日记账，每日应将支出日记账当日支出合计数，转记入收入日记账中支出合计栏中，以结算当日账面余额。

（2）会计人员应对多栏式现金和银行存款日记账的记录加强检查监督，并负责于月末根据多栏式现金和银行存款日记账各栏的合计数，分别登记总账有关账户。

方法二

（1）另外设置现金和银行存款出纳登记簿，由出纳人员根据审核后的收、付款凭证逐日逐笔登记，以便逐笔掌握库存现金收付情况，及时同银行核对收付款项。

（2）将收、付款凭证交由会计人员据以逐日汇总登记多栏式现金和银行存款日记账，并于月末根据多栏式日记账登记总账。出纳登记簿与多栏式现金和银行存款日记账要相互核对。

图 5-24 多栏式日记账登记总账时的方法

例题 2

下列各项中，属于账账核对的是（ ）。

A. 银行存款日记账与银行对账单的核对

B. 债权债务明细账与对方单位债权债务明细账的核对

C. 账簿记录与原始凭证的核对

D. 会计部门财产物资明细账与仓库保管部门财产物资明细账的核对

答案：D

【解析】本题考察账账核对的内容。选项 A 是银行存款的账实核对；选项 B 是债权债务的账实核对；选项 C 是账证核对；选项 D 是账账核对。

例题 3

下列各项中，不属于账实核对的是（ ）。

A. 现金日记账账面余额与库存现金数额是否相符

B. 固定资产账面余额与实有数额是否相符

C. 银行存款日记账账面余额与银行对账单的余额是否相符

D. 原材料明细账与原材料的记账凭证进行核对

答案：D

【解析】本题考察账实核对的内容。D是账实核对。

例题 4

会计账簿暂由本单位财务会计部门保管（　　）期满之后，由财务会计部门编造清册移交本单位的档案部门保管。

A. 1年　　B. 3年　　C. 5年　　D. 10年

答案：A

【解析】本题考察会计账簿保管期限。会计账簿暂由本单位财务会计部门保管一年，期满之后，由财务会计部门编造清册移交本单位的档案部门保管。

5.3 小结

本章用两节的内容讲解了出纳账簿的知识。第一节讲账簿的基础知识，从怎样启用账簿，怎样填写账簿到怎样保管账簿。第二节讲出纳账簿中的现金日记账和银行存款日记账，这两种账簿是出纳最基本也是最重要的账簿，讲述内容很全面，也很好理解。在下一章中，将详细讲述现金的具体操作流程。

第6章 “管家婆”——现金管理

在日常工作中，现金管理是出纳人员的首要职责。现金管理是指各单位对现金的收、付、存各环节所进行的管理。

6.1 现金管理规定

现金有很强的流动性，无需变现即可使用，所以为防止意外，每个单位应建立健全的现金保管制度，做好出纳的保卫管理工作，加强现金的保管。

现金是企业资产中流动性最强的资产，持有一定数量的现金是企业开展正常生产活动的基础，是保证企业避免支付危机的必要条件。同时，现金又是获利能力最弱的一项资产，过多地持有现金会降低资产的获利能力。

6.1.1 现金的定义

现金在财务的范畴里，是指存放在企业并由出纳人员保管的现钞，它可以随时购买所需物资，支付日常零星开支，偿还债务。现金有广义和狭义之分，通常所指的现金是狭义的现金，如图6-1所示。

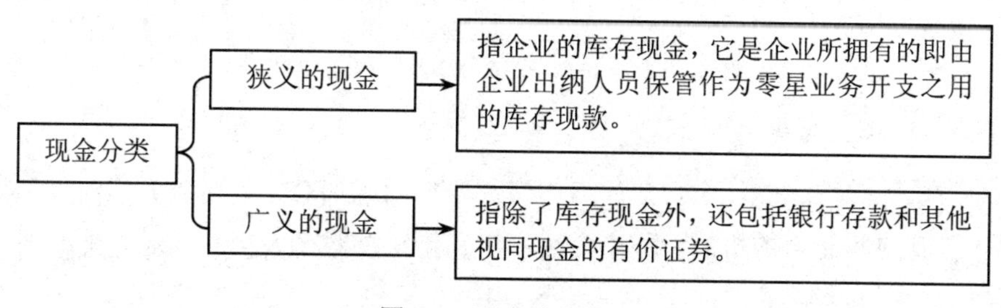

图6-1　现金的分类

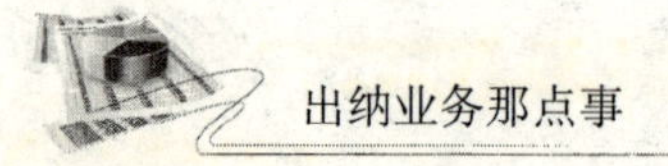

6.1.2 现金管理的原则

由于现金是流动性最强的资产，加强现金管理能保证货币发行权集中于中央，这对于保护企业资产安全和完整、维护社会经济秩序具有十分重要的意义。所以国家对于现金的使用管理有着较为严格的规定。现金的管理原则一般分为五项，如图 6-2 所示。

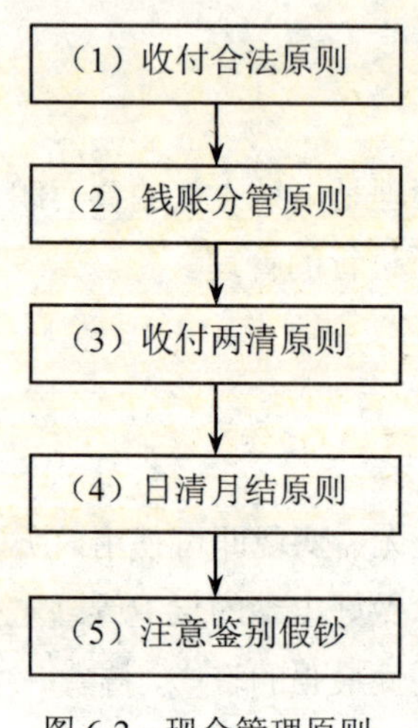

图 6-2 现金管理原则

1. 收付合法原则

收付合法原则是指各单位在收付现金时必须符合国家的有关方针、政策和规章制度的规定，如图 6-3 所示。

（1）现金的来源和使用必须合法。

（2）现金收付必须在合法的范围内进行。

图 6-3 收付合法原则

2. 钱账分管原则

为了保护现金的安全，会计工作岗位要有明确的分工，在财务部门内部建立相互制约和监督的机制，防止贪污盗窃和错账差款的发生。具体表现在两个方面，如图 6-4 所示。

经管现金的出纳人员不得监管收入、支出、债权债务账簿的登记工作及会计档案的保管工作。	→	经营收入、支出、债权债务登记工作的会计人员，不得监管出纳账的登记、现金的收付和现金的保管工作。

图 6-4 钱账分管原则

3. 收付两清原则

不论工作多忙、收付金额大小，出纳人员对收付的现金都要进行复核或由另外一名会计人员审核，要做到收付款当面点清。对来财务部门取交现金的人员，也要督促他们当面点清，如有差错当面解决，以保证收付两清。

4. 日清月结原则

日清月结是指出纳人员办理现金出纳业务时，必须做到按日清理，按月结账。出纳人员办理现金出纳工作的基本原则和要求，也是避免出现长短账的重要措施。现金日记账每月至少结一次，业务量多的可 10 天或半月定期结一次，并与其他有关账面核对，核定账账是否相符。

5. 注意鉴别假钞

作为与现金打交道的出纳人员，经常办理人民币收支业务，人民币是我国唯一合法货币，目前流通领域存在一定数量的假钞，且技术水平之高，可以达到以假乱真的地步，严重扰乱了金融秩序。办理业务时应提高警惕，掌握鉴别人民币真伪的基本技能，增强识别能力，一旦发现假钞一定要及时作出处理。

6.1.3 现金管理的基本要求

每个单位都应建立健全现金保管制度，做好出纳的保卫管理工作。为了加强现金的保管，应严格遵守以下管理要求，如图 6-5 所示。

6.1.4 库存现金的管理

库存现金是由出纳人员直接负责保管的，出纳人员应以严谨的态度加强现金的保管工作，避免由于防范不严、工作疏忽而给不法分子以可乘之机，给国家和企业造成损失。在库存现金的保管工作中，要养成良好的工作习惯，注意保险柜的安全防范，保证库存现金的安全完整。做好库存现金的保管工作，应遵守以下管理要求，如图 6-6 所示。

(1)出纳办公室应选择坚固实用的房间，窗户要有铁栏杆和护窗金属板。

↓

(2)限额内的库存现金当日核对请后，一律存放在保险柜内，超过库存限额的现金应在下班前送存银行。

↓

(3)为保证现金的安全，除工作时需要少量备用金可放在出纳抽屉内，其余应放入出纳专用保险柜内，不得随意存放。

↓

(4)单位的库存现金不准以个人名义存入银行，防止有关人员利用公款私存取得利息收入，也防止单位利用公款私存现金库。

↓

(5)库存现金实行分类保管，进行现金的保管，单位应配备专用保险柜，专门用于库存现金、有价证券和票据的保管。

↓

(6)保险柜密码应由出纳人员开启，应做好开启记录，严格保密。

↓

(7)出纳人员工作变动时，应及时更换密码，保险柜的钥匙或密码丢失或发生故障，要立即报请领导处理，不得随意找人修理或私配钥匙。

↓

(8)必须更换保险柜时，要办理以旧换新批准手续，注明更换情况备查。

图 6-5　现金管理基本要求

(1)严格遵守库存限额的规定，超过库存限额的现金应在每天下班前送存到银行；核对清楚当天的库存现金后，一律锁在保险柜内，不允许放在办公室内过夜。

↓

(2)严禁私设“小金库”。“小金库”是不在本单位财务部门列收列支而私自在单位库存之外保存的现金和银行存款，私设“小金库”属于隐瞒企业收入的违法行为。

↓

(3)为加强对现金的管理，工作时间需要的小额备用金可以放在出纳员的抽屉内，其余则应放入出纳专用的保险柜内，不得随意存放，更不能随意带出。

↓

(4)票币的分类保管，各单位的出纳员对库存票币分别按照纸币的票面金额分类，并按整数和零数分类保管。

图 6-6　库存现金的保管

6.1.5 现金管理的制度

各企业应在严格遵守国家现金管理制度的同时，建立健全单位内部现金管理制度。根据《现金管理暂行条例》及其实施细则规定，企业必须依照国家的有关方针、政策和规章制度，加强对现金开支审批的管理，具体包括以下几方面的内容，如图 6-7 所示。

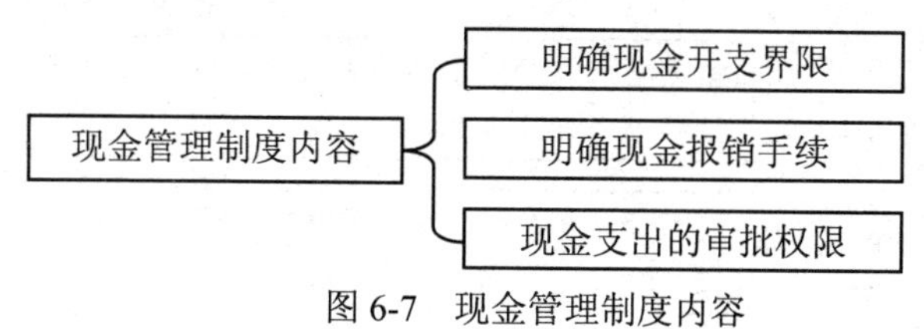

图 6-7 现金管理制度内容

1. 明确现金开支界限

应当在现金管理规定的范围内支付现金，办理现金结算。要保证现金支出的安全性，如职工个人借款的金额不得超过其应付工资的金额，个人医药费用的报销不得超过规定的标准，个人差旅期间的出差补助不得超过规定的标准等。

2. 明确现金报销手续

企业按经济业务的内容和管理要求制作各种报销凭证，如工资表、差旅费报销单、购料凭证、借款单等，同时企业还应规定各种报销的程序和传递手续，确定各种现金支出业务的报销要求，超出现金开支界限和未按规定填制单据的各种支出不予报销。

3. 现金支出的审批权限

根据其经营规模和内部职责分工情况，确定不同额度和不同现金支出的审批权限。对于没有经过审核批准或有关人员超越规定审批权限的，出纳人员不予受理。

6.2 现金的使用

要清楚现金的账务处理，首先需要理解会计活动中“现金”的概念。现金是指立即可以投入流通或马上可以进行变现的资金，是企业可以随意支配使用的纸币或硬币。同时，现金是企业财务体系中的一个重要的环节，与其他货币资金形式在资产负债表中并称为“货币资金”，并被列入流动资产中。

6.2.1 怎样送存现金

现金的送存就是把企业多余的现金及时送存银行。各企业在日常现金收支业务中，除了按规定可以坐支的现金和非业务性零星收入收取的现金可以用于补足库存现金限额不足外，其他业务活动取得的现金以及超过库存现金限额的现金都必须按规定于当日送存银行。送存现金的流程如图6-8所示。

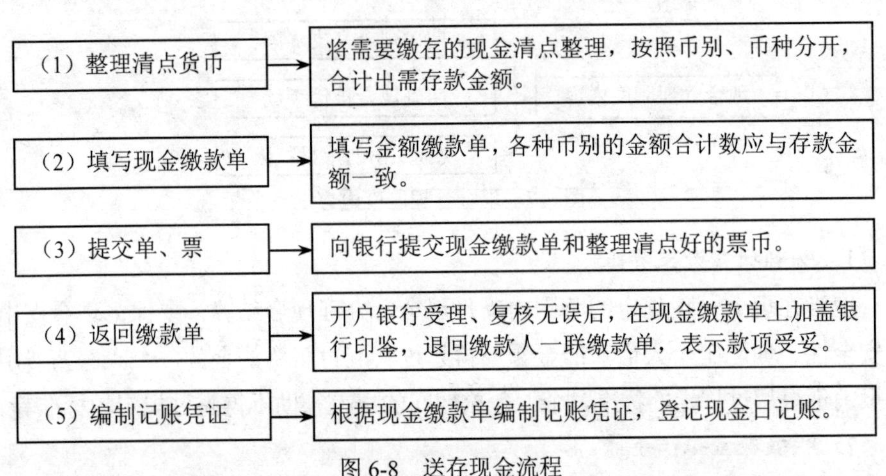

（1）整理清点货币
将需要缴存的现金清点整理，按照币别、币种分开，合计出需存款金额。
（2）填写现金缴款单
填写金额缴款单，各种币别的金额合计数应与存款金额一致。
（3）提交单、票
向银行提交现金缴款单和整理清点好的票币。
（4）返回缴款单
开户银行受理、复核无误后，在现金缴款单上加盖银行印鉴，退回缴款人一联缴款单，表示款项受妥。
（5）编制记账凭证
根据现金缴款单编制记账凭证，登记现金日记账。

图6-8 送存现金流程

出纳送存现金应注意的事项如图6-9所示。

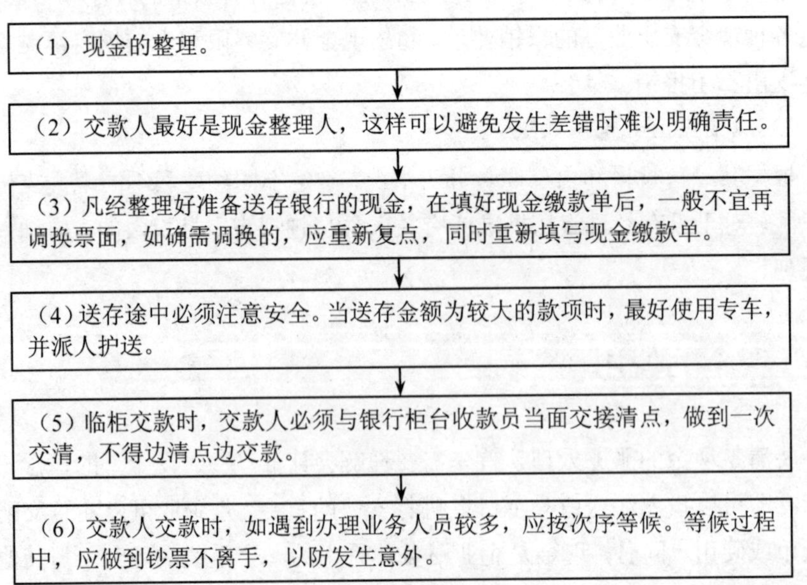

（1）现金的整理。
（2）交款人最好是现金整理人，这样可以避免发生差错时难以明确责任。
（3）凡经整理好准备送存银行的现金，在填好现金缴款单后，一般不宜再调换票面，如确需调换的，应重新复点，同时重新填写现金缴款单。
（4）送存途中必须注意安全。当送存金额为较大的款项时，最好使用专车，并派人护送。
（5）临柜交款时，交款人必须与银行柜台收款员当面交接清点，做到一次交清，不得边清点边交款。
（6）交款人交款时，如遇到办理业务人员较多，应按次序等候。等候过程中，应做到钞票不离手，以防发生意外。

图6-9 送存现金注意事项

6.2.2　怎样整理现金

为了便于银行柜台清查现金，提高工作效率，避免不必要的差错，出纳员在将现金送存银行之前，应对送存的现金进行分类整理。整理的方法有几种，如图 6-10 所示。

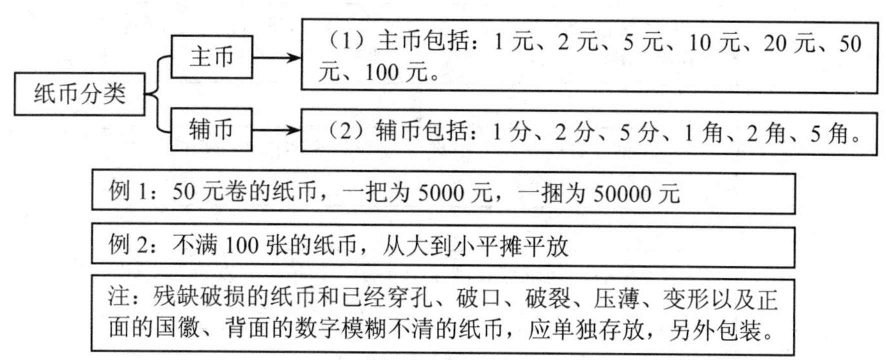

图 6-10　现金的整理

6.2.3　怎样核定库存现金限额

库存现金限额是指为了加强对现金的管理，既保证各单位现金的安全，又促进资金回笼、及时开支，国家规定由开户银行给各单位核定一个保留现金的最高额度，即库存现金限额。

库存现金限额由开户银行和开户单位根据具体情况商定。凡在银行开户的单位，银行根据实际需要核定 3～5 天日常零星开支数额作为该单位的库存现金限额。

库存现金限额每年核定一次，经核定的库存现金限额，开户单位必须严格遵守。具体核定流程如图 6-11 所示。

（1）开户单位与开户银行协商核定库存现金限额。
库存现金限额=每日零星支出额×核定天数
每日零星支出额=月平均现金支出总额/月平均天

↓

（2）由开户单位填写“库存现金限额申请批准书”。各单位实行收支两条线，不准“坐支”现金，企业送存现金和提取现金，必须注明来源和用途。

↓

（3）各单位采购业务，如必须使用现金的，应由本单位财务部门负责人签字盖章，向开户银行申请审批，开户银行审查同意并开具有关证明后可携带现金到外地采购。

图 6-11　库存现金限额核定

6.2.4 现金收入的处理程序

现金收入的处理程序是指办理现金收入时，从复核现金收入的来源到登记现金日记账的处理步骤和规划。办理现金收入业务的程序如图 6-12 所示。

（1）复核现金收款凭证，即复核现金收入的合法性、真实性和准确性。

↓

（2）当面点清现金，开出现金收据，并加盖“现金收讫”印章和出纳人员名章。

↓

（3）根据收款凭证登记现金日记账，如果销售发货票上印有“代记账凭证”字样，可据以登记现金日记账。

图 6-12 现金收入的处理程序

1. 清楚资金的收入和来源

出纳人员在收到一笔资金之前，应当清楚地知道要收到多少钱，收谁的钱，收什么性质的钱，再按不同的情况进行分析处理。其基本业务处理如图 6-13 所示。

（1）确定收款金额。如为现金收入，应考虑库存限额的要求。

↓

（2）明确付款人。出纳人员应当明确付款人的全称和有关情况，对于收到的背书支票或其他代为付款的情况，应由经办人加以注明。

↓

（3）收取销售或劳务性质的收入。出纳人员应当根据有关的销售（或劳务）合同确定收款额是否按协议执行，并对预收账款、当期实现的收入和收回以前欠款分别进行处理，保证账实一致。

↓

（4）收回代付、代垫及其他应付款。出纳人员应当根据账务记录确定其收款额是否相符，具体包括单位为职工代付的水电费、房租、保险费、个人所得税、职工的个人借款和差旅费借款，单位缴纳的押金等。

图 6-13 资金的收入和来源

2. 清点收入

出纳员在清楚收入的金额和来源后，对款项进行清点核对，清点核对时应沉着冷静，不要图快。其注意事项如图 6-14 所示。

（1）现金清点。现金收入应与经办人当面点清，在清点过程中出纳人员发现短缺、假钞等特殊问题，应由经办人负责。

↓

（2）银行核实。银行结算收入应由出纳人员与银行相核对，如为电话询问或电话银行查询的，只能作为参考，在取得银行有关的收款凭证后，方可正式确认收入，进行账务处理。

↓

（3）清点核对无误后，按规定开具发票或内部使用的收据。如收入金额较大时，应及时上报有关领导，便于资金的安排调度，手续完毕后，在相关收款收据上加盖“收讫”章。

↓

（4）如清点核对并开出单据后，再发现现金短缺或假钞，应由出纳人员负责。

图 6-14　清点收入注意事项

3. 收入退回

如因特殊原因导致收入退回的，如支票印鉴不清、收款单位账号错误等，应由出纳人员及时联系有关经办人或对方单位，重新办理收款。

6.2.5　现金支出的处理程序

为了加强现金收支手续，出纳与会计人员必须分清责任，严格执行账、钱、物分管的原则，实行相互制约。出纳人员必须以严谨的态度处理现金支付业务，因为一旦发生失误，将会造成不可弥补的经济损失。现金支付程序分两种，如图 6-15 所示。

（1）主动支付现金程序

（2）被动支付现金程序

图 6-15　现金支付程序

1. 主动支付现金的程序

主动支付是指出纳部门主动将现金付给收款单位和个人，如发放工资、奖金、津贴以及福利等现金支出。主动支付现金的程序如图 6-16 所示。

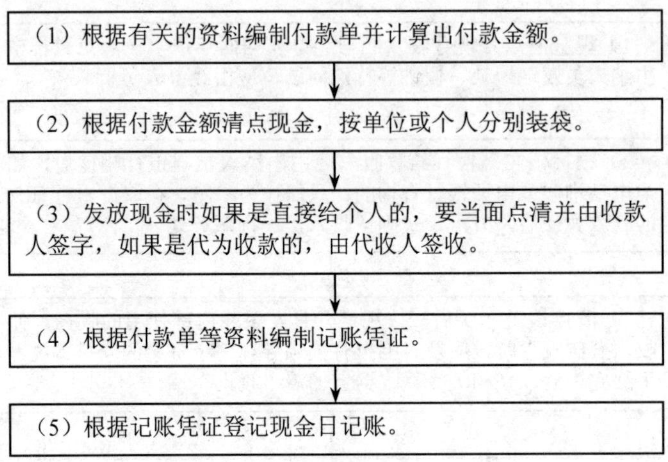

（1）根据有关的资料编制付款单并计算出付款金额。
（2）根据付款金额清点现金，按单位或个人分别装袋。
（3）发放现金时如果是直接给个人的，要当面点清并由收款人签字，如果是代为收款的，由代收人签收。
（4）根据付款单等资料编制记账凭证。
（5）根据记账凭证登记现金日记账。

图 6-16　主动支付现金程序

2. 被动支付现金的程序

被动支付是指收款单位或个人持有关凭据到出纳部门领报现金。被动支付现金的程序如图 6-17 所示。

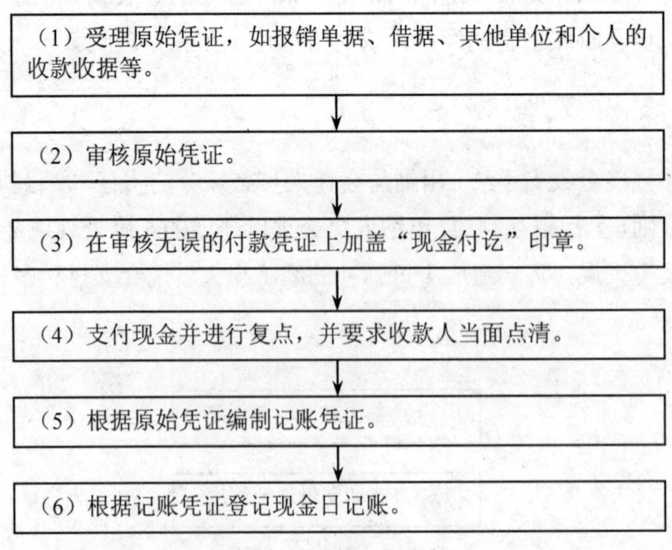

（1）受理原始凭证，如报销单据、借据、其他单位和个人的收款收据等。
（2）审核原始凭证。
（3）在审核无误的付款凭证上加盖“现金付讫”印章。
（4）支付现金并进行复点，并要求收款人当面点清。
（5）根据原始凭证编制记账凭证。
（6）根据记账凭证登记现金日记账。

图 6-17　被动支付现金程序

6.2.6 银行存款的账务处理程序

银行存款是指企业存放在开户银行的可随时支用的货币资金。企业的银行存款，要设置“银行存款”科目核算，本科目核算企业存入银行的各种存款。企业如有存入其他金融机构的存款也可以在本科目核算。银行存款账务处理程序如图 6-18 所示。

（1）执行国家对银行存款的各项管理办法，随时了解和掌握银行存款的收支动态和余额，搞好货币资金的调度，保证企业生产经营的需要。

↓

（2）在银行开立的账户，只供本企业业务经营范围的资金收付，不准出租、出借或转让给其他单位或个人使用。

↓

（3）严格遵守中国人民银行颁布的结算纪律，即结算凭证均结算要求规范、正确地填列。当日填列的结算凭证，当日有效（支票除外），隔日作废。

↓

（4）企业在银行的账户必须有足够的资金保证支付、不准签发空头的支付凭证，不准签发远期的支付凭证，不准签发空白支票。

↓

（5）及时、正确地登记“银行存款日记账”，重视对账工作，发现不符及时与银行联系，尽快核对清楚。月末编制银行存款余额调节表，调节表上的未达账项，次月处理完毕。银行制单人员要对出纳员的银行存款余额调节表进行审核。

↓

（6）银行存款的收付凭证和“银行存款日记账”必须做到“手续完备、凭证齐全、会计处理、账户登记”，做到准确及时，日清月结。

图 6-18 银行存款账务处理程序

6.2.7 备用金的领用方法

备用金是指付给单位内部各部门或工作人员用作零星开支、零星采购、售货找零或差旅费等的款项。单位内部各部门或工作人员因零星开支、零星采购等需要领用备用金，一般应由经办人填写借款凭证。备用金领用程序如图 6-19 所示。

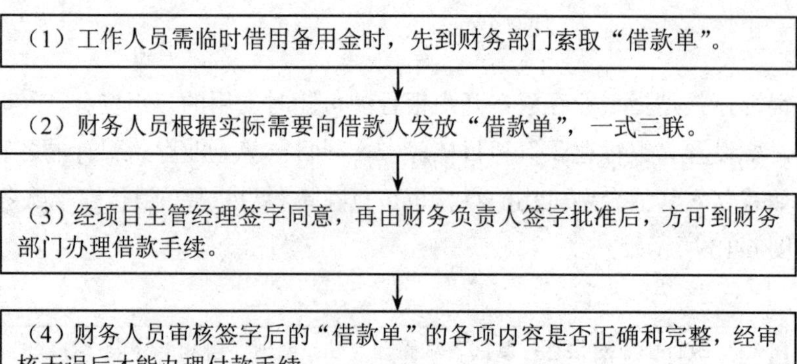

图 6-19　领取备用金程序

6.2.8　报销备用金的处理方法

备用金报销的处理依照企业备用金管理制度的不同而有所区别。备用金管理制度可以分为两种，如图 6-20 所示。

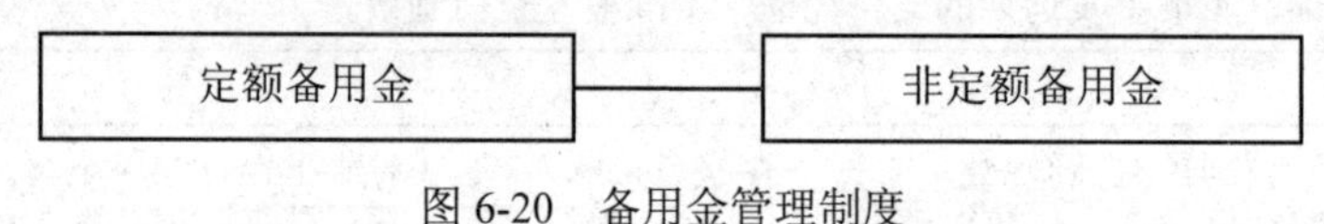

图 6-20　备用金管理制度

1. 定额备用金处理方法

所谓定额备用金是指单位对经常使用备用金的内部各部门或工作人员根据其零星开支、零星采购等的实际需要而核定一个现金数额，并保证其经常保持核定的数额。

实行定额备用金的单位，其内部各部门或有关工作人员使用备用金购买货物或用于零星开支后，应将所购买的货物交由仓库保管员验收入库，凭验收入库单连同发票到财务部门报销，用于其他开支的凭发票或其他原始凭证到财务部门报销。报销时，会计人员应编制现金付款凭证，出纳员依据付款凭证将报销的金额用现金补给报销的部门或工作人员，这样报销后有关部门或工作人员手中的现金又达到了核定的限额。定额备用金的管理制度如图 6-21 所示。

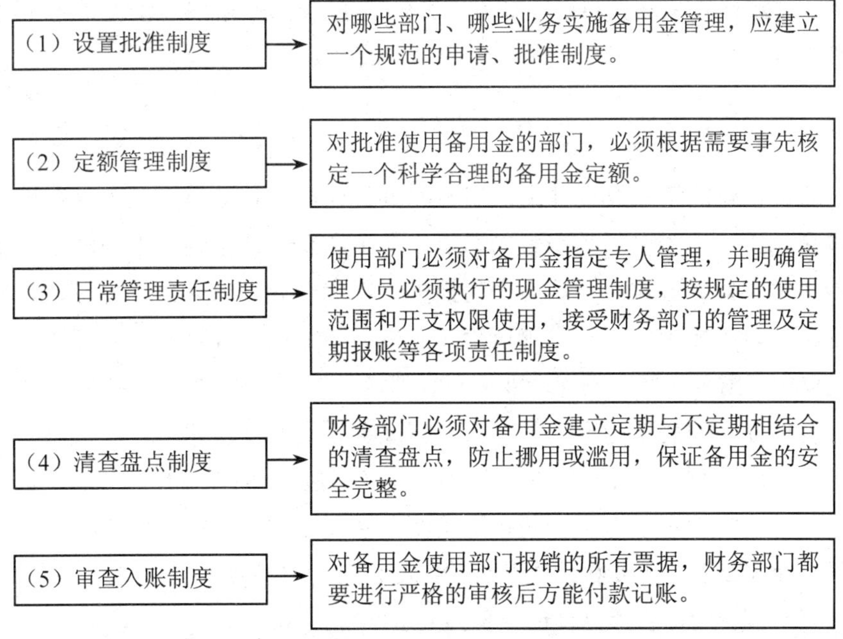

(1) 设置批准制度
对哪些部门、哪些业务实施备用金管理，应建立一个规范的申请、批准制度。
(2) 定额管理制度
对批准使用备用金的部门，必须根据需要事先核定一个科学合理的备用金定额。
(3) 日常管理责任制度
使用部门必须对备用金指定专人管理，并明确管理人员必须执行的现金管理制度，按规定的使用范围和开支权限使用，接受财务部门的管理及定期报账等各项责任制度。
(4) 清查盘点制度
财务部门必须对备用金建立定期与不定期相结合的清查盘点，防止挪用或滥用，保证备用金的安全完整。
(5) 审查入账制度
对备用金使用部门报销的所有票据，财务部门都要进行严格的审核后方能付款记账。

图 6-21 定额备用金管理制度

2. 非定额备用金的处理方法

非定额备用金是指不经常使用备用金的内部各部门或工作人员，根据每次业务所需备用金的数额填制借款凭证，向出纳员预借现金，使用后凭发票等原始凭证一次性到财务部门报销，多退少补，一次结清，下次再用时重新办理领借手续。

6.2.9 其他货币资金的账务处理方法

其他货币资金是指企业除现金和银行存款以外的具有专门用途的货币资金。其他货币资金按存放地点和用途的不同分为外埠存款、银行汇票存款、银行本票存款、信用卡存款、信用证保证金存款、存出投资款等。

6.3 财务用品的保管

企业财务管理制度是企业根据国家有关法律、法规及财务制度，针对财务管理、财务工作并结合公司具体情况制定的制度，在实际工作中起规范、指导作用。既然财务有财务的管理制度，那么，对于财务用品来说，也是有相应的保管制度。

6.3.1 现金及有价证券的保管

随着企业的不断发展壮大，现金和有价证券的管理对企业生存发展的影响越来越大。由于受多种因素的影响，现金和有价证券管理不当就会使企业不能实现预期财务收益，从而产生损失。现代企业必须充分了解现金以及有价证券风险的成因，建立完善风险控制机制，加强财务管理，防范和化解企业发展中的财务风险，确保企业向着合理、科学、健康的方向发展。

有价证券的变现能力很强，具有与现金相同的性质和价值，所以，企业持有的有价证券（包括记名的和不记名的）必须由出纳人员按照与货币资金相同的要求进行管理。对于一些按中签债券号码还本付息的，还要对证券面额和号码保守秘密，还要特别注意有关部门公布的中签号码。

有价证券的保管，具体遵照下列要求：

（1）由出纳人员按货币资金的管理要求进行管理。有价证券是有价的和可以变现的，并且除法人认购的股票外，一般是不记名的，所以，在保管上难度较大。出纳人员有保管现金的经验并具有保护其安全的客观条件，是保管本企业有价证券的最佳人选。有价证券必须由出纳人员放入保险柜保管，切忌由经办人自行保管。

（2）出纳人员对自己负责保管的各种有价证券，要专设出纳账进行详细核算，并由总账会计的总分类账进行控制。如设置“长期股权投资——股票投资（××公司）”、“长期债权投资——债券投资（××公司）”等长期投资明细账，在总账“长期股权投资”和“长期债权投资”的控制下，由出纳人员进行登记，并定期出具收、付、存报告单。出纳部门的有价证券明细账要按证券种类分设户头，所记金额应与总账会计相一致，当账面金额与证券面值不一致时，应在摘要栏内注明证券的批次、面值和张数。必要时还可以设置辅助登记簿进行补充登记。

（3）业务人员提取有价证券外出办理有关事项时，应办理类似于现金借据的正规手续，交给出纳人员作为支付凭证，交还有价证券时再由出纳人员在借据上加盖注销章后退还给出据人。

（4）出纳人员对自己保管的各种有价证券的面额和号码应保守秘密。

（5）对按中签号码还本付息，或中签号码与证券持有人有其他关联时，业务经办人和出纳保管人要特别注意经常核对有关部门公布的中签号码。

（6）出纳人员要及时掌握各种证券的到期时间。为了避免失误，可编制“有价证券购销明细表”，详细标明各种有价证券的购入与到期时间。也可以通过按证券种类和批次设置明细账，在摘要栏注明到期日的办法来提供有价证券的购销时间。

6.3.2 空白支票及空白收据的保管

1. 空白收据的保管

空白收据即未填制的收据。空白收据一经填制，就可成为办理转账结算和现金支付的一种书面证明，直接关系到单位资金的准确、安全和完整。空白收据的保管要注意以下事项，如图 6-22 所示。

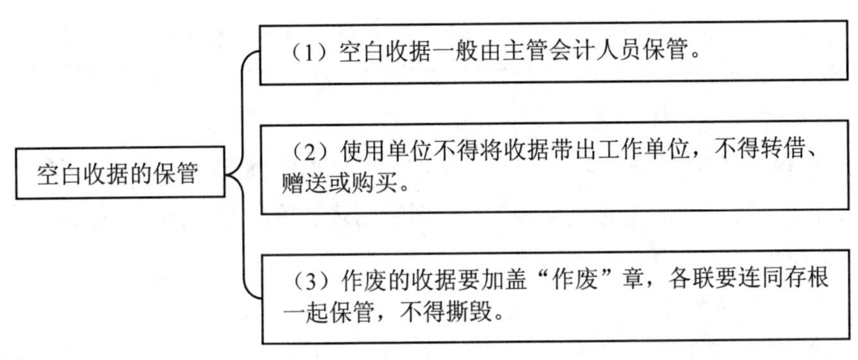

图 6-22　空白收据的保管

2. 空白支票的保管

支票是一种支付凭证，一旦填写了有关内容，并加盖在银行留有印样的图章后，即可成为直接从银行提取现金或与其他单位进行结算的凭据。

在银行存款额度内，开户单位均可向开户银行领购支票。企业一般都保留一定数量的空白支票以备使用，所以，在空白支票使用上必须加强管理，同时要采取必要措施，妥善保管，以免发生非法使用和盗用、遗失等情况，给国家和企业造成不必要的经济损失。空白支票的保管要注意的事项如图 6-23 所示。

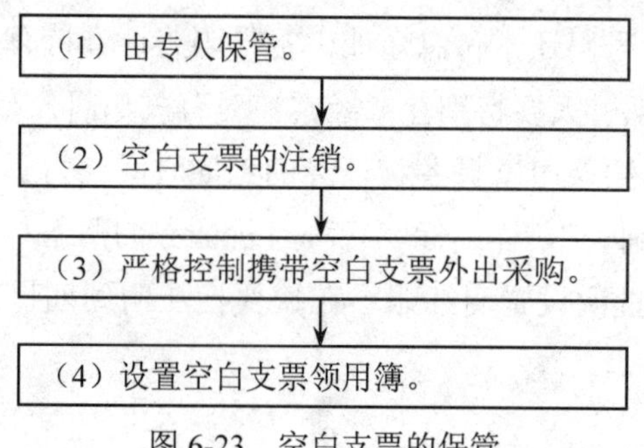
（1）由专人保管。
（2）空白支票的注销。
（3）严格控制携带空白支票外出采购。
（4）设置空白支票领用簿。

图 6-23　空白支票的保管

（1）空白支票由专人保管。

存有空白支票的单位，对空白支票必须严格管理，明确指定专人负责保管，要贯彻票、印分管原则，即空白支票和印章不得由一人负责保管。这样可以明确责任，形成制约机制，防止舞弊行为。

（2）注销空白支票。

单位撤销、合并、结清账户时，应将剩余的空白支票，填制一式两联清单，全部交回银行注销。清单的一联由银行盖章后退交单位，一联做清户传票附件。

（3）严格控制携带空白支票外出。

对事先不能确定采购物资单价、金额的，经单位领导批准，可将填明收款人名称和签发日期的支票交采购人员，明确用途和款项限额，支票使用人员回单位后必须及时向财务部门结算。

（4）实行空白支票领用制度。

经单位领导批准，出纳人员签发空白支票后应在“空白支票签发登记簿”上加以登记，如图 6-24 所示。

空白支票签发登记簿									
领用日期		支票号码	领用人	用途	收款单位	限额	批准人	销号日期	
月	日							月	日

图 6-24　空白支票领用簿

6.3.3　公司印章的保管

公司印章主要指公章、法人章、合同章、财务章等各职能部门章。印章是

公司经营管理活动中行使职权，明确公司各种权利义务关系的重要凭证和工具，印章的管理应做到分散管理、相互制约。各类印章保管要注意的事项如图 6-25 所示。

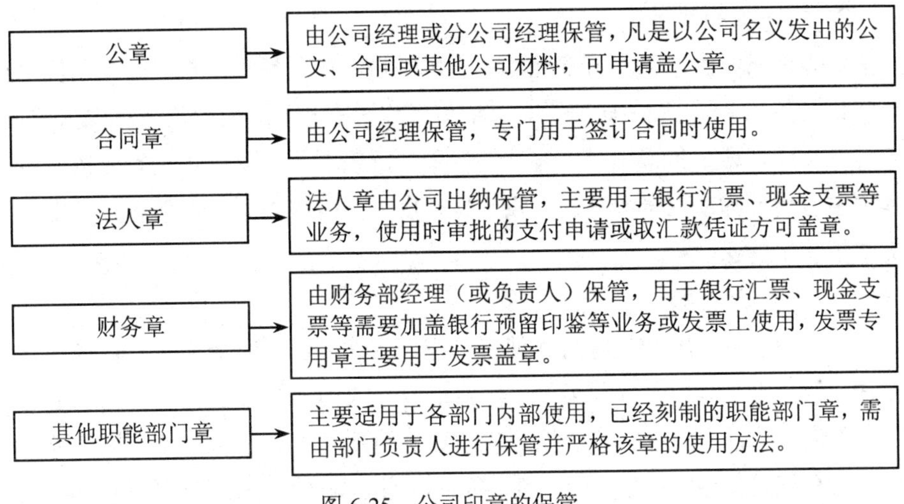

公章
由公司经理或分公司经理保管，凡是以公司名义发出的公文、合同或其他公司材料，可申请盖公章。
合同章
由公司经理保管，专门用于签订合同时使用。
法人章
法人章由公司出纳保管，主要用于银行汇票、现金支票等业务，使用时审批的支付申请或取汇款凭证方可盖章。
财务章
由财务部经理（或负责人）保管，用于银行汇票、现金支票等需要加盖银行预留印鉴等业务或发票上使用，发票专用章主要用于发票盖章。
其他职能部门章
主要适用于各部门内部使用，已经刻制的职能部门章，需由部门负责人进行保管并严格该章的使用方法。

图 6-25 公司印章的保管

6.3.4 保险柜的保管

各单位都配备有专用保险柜，专门存放现金、各种有价证券、银行票据、印章及其他出纳票据。一般来说保险柜的使用应注意以下几点，如图 6-26 所示。

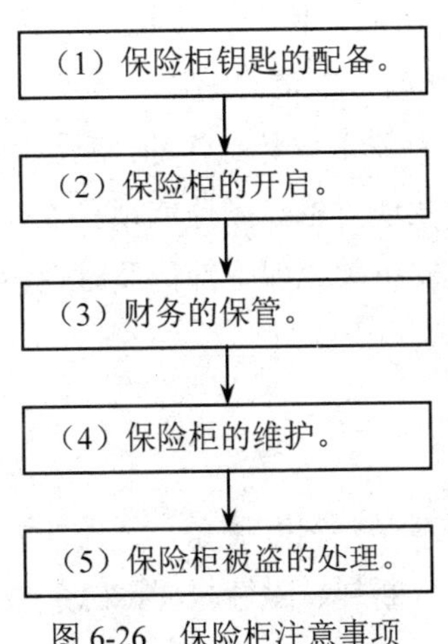

图 6-26 保险柜注意事项

1. 保险柜钥匙的配备

保险柜一般由总会计师或财务处（科、股）长授权，由出纳员负责管理使用，供出纳员日常工作使用，出纳员不能将保险柜钥匙交由他人代为保管。

2. 保险柜的开启

保险柜只能由出纳员开启使用，非出纳员不得开启保险柜。如果单位总会计师或财务处（科、股）长需要对出纳员工作进行检查，如检查库存现金限额、核对实际库存现金数额，或者有其他特殊情况需要开启保险柜的，应按规定的程序由总会计师或财务处（科、股）长开启。一般情况下不得任意开启由出纳员掌管使用的保险柜。

3. 财务的保管

每日终了后，出纳员应将其使用的空白支票（包括现金支票和转账支票）、银钱收据、印章等放入保险柜内。保险柜内存放的现金应设置和登记现金日记账，其他有价证券、存折、票据等应按种类造册登记，贵重物品应按种类设置备查簿登记其质量、重量、金额等，所有财物应与账簿记录核对相符。按规定，保险柜内不得存放私人财物。

4. 保险柜的维护

保险柜应放置在隐蔽、干燥之处，注意通风、防湿、防潮、防虫和防鼠。保险柜外要经常擦干净，保险柜内财物应保持整洁卫生、存放整齐。一旦保险柜发生故障，应到公安机关指定的维修点进行修理，以防泄密或失盗。

5. 保险柜被盗的处理

出纳员发现保险柜被盗后应保护好现场，迅速报告公安机关（或保卫部门），待公安机关勘查现场时才能清理财物，检查被盗情况。节假日两天以上或出纳员离开两天以上没有派人代其工作的，应在保险柜锁孔处贴上封条，出纳员到位工作时揭封。如发现封条被撕掉或锁孔处被弄坏，也应迅速向公安机关或保卫部门报告，使公安机关或保卫部门及时查清情况，防止不法分子进一步作案。

6.3.5 银行卡的保管

银行卡的主要构成材料是塑料和磁条，易受外力和环境影响受损，如保管和使用不当，会出现变形、断裂、磁性减弱、磁条损坏、消磁等现象，无法被正常识别或读取信息，造成银行卡失效。

因此，银行卡最好放在带硬皮的钱夹里，并防止尖锐物品磨损、刮伤磁条或扭曲折坏；多张银行卡不要紧贴一起存放，或将两张银行卡背对背叠放一起。银行卡要尽可能远离电磁炉、微波炉、电视、冰箱等电器，尽量不要和手机、电脑、掌上电脑、磁铁、文曲星、商务通等带磁物品放在一起。

外出时，不要将所有银行卡放在同一皮包里，在寄放外套的公共场所中，不要将装有银行卡的钱包放在外套口袋里，也不要置于车内或寄物柜中，应随身保管，切勿丢失。对暂时不用的银行卡，要锁在抽屉或柜子里，千万不可随意放置，以免引起他人贪念，偷取后盗刷。为避免银行卡遗失后遭受损失，建议将银行卡、密码和身份证分开存放，切记不可随意将银行卡卡号告知他人，不要将银行卡转借他人，否则极易发生银行扣卡、止付以及资金损失等情况，甚至引起债务纠纷。

6.4　小结

本章从三个方面详细介绍了现金的具体使用流程。第一节讲述了现金定义及制度。第二节讲述了现金的具体使用方法，即怎样取现金、整理现金，以及处理现金，还有出纳中一种特殊的现金，即备用金的领用和处理方法，用图表的格式让读者方便理解。第三节是有关财务用品的保管方法，虽然内容不多，但也不能忽略这一项，毕竟也是财务的一部分，缺少任何一项都是不可以的。

第 7 章将向读者讲解有关银行方面的内容，这一章内容较多、流程较复杂，介绍得很详细。

第7章

“七仙下凡”——出纳结算

出纳结算也可以说是出纳银行结算。在会计中，银行结算占有一定的比重，简单地说，就是出纳人员与银行之间打交道。通过各种票据的传输，将专款打入专用账户，不管是本公司的还是对方公司的，确保了款项的准确性、专业性、必要性。

7.1　支票结算

支票结算的特点，概括地说就是简便、灵活、迅速、携带方便又可靠，尤其在金额比较的大情况下。使用支票结算，可以防止现金出现假币、残币、少币；对于外出采购，可以根据货物金额，是多少填多少；去银行存支票，会计专员核对好支票后，当场办理业务，省时间。

7.1.1　支票及其分类

1. 什么是支票

支票是出票人签发的，委托办理支票付款业务的银行或其他金融机构在见票时无条件支付确定的金额给收款人或者持票人的票据。

> 注：（1）出票人：在经中国人民银行当地分支行批准办理业务的银行机构开立可以使用支票的存款账户的单位和个人。
>
> （2）持票人：收款单位或个人。
>
> （3）付款人：支票上记载的出票开户银行。

2. 支票的分类

（1）记名支票和不记名支票。

按收款人的记载形式分为记名支票和不记名支票。

记名支票：又称抬头支票，指在支票上记载收款人姓名或者商号的支票，这种支票的票款，只能付给票面指定的人，转让时需有收款人背书。

不记名支票：又称空白支票，指在支票上不记载收款人姓名或者商号的支票，这种支票的持票人可以直接向银行取款，而不必在支票上签字盖章。

（2）转账支票和现金支票。

按使用要求分为转账支票和现金支票。

转账支票：支票上印有“转账”字样的为转账支票，转账支票只用于转账，如图 7-1 所示。

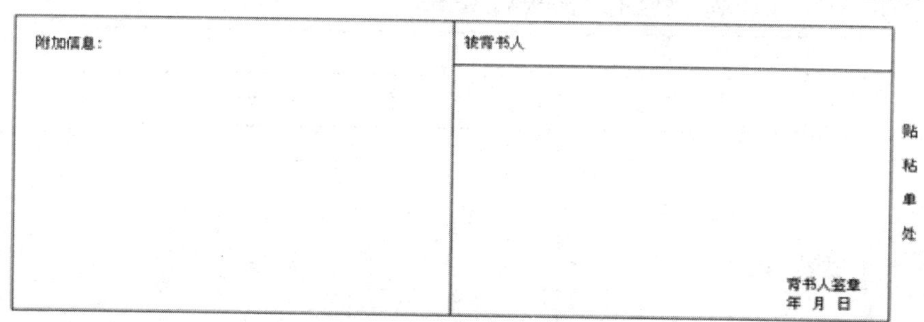

图 7-1 银行转账支票示意图

现金支票：支票上印有“现金”字样的为现金支票，现金支票只能用于支取现金，如图 7-2 所示。

3. 支票挂失

已签发的现金支票遗失时，可以向银行申请挂失。已签发的转账支票遗失，银行不予挂失，但付款单位可以请求收款单位协助防范。支票挂失的程序如图 7-3 所示。

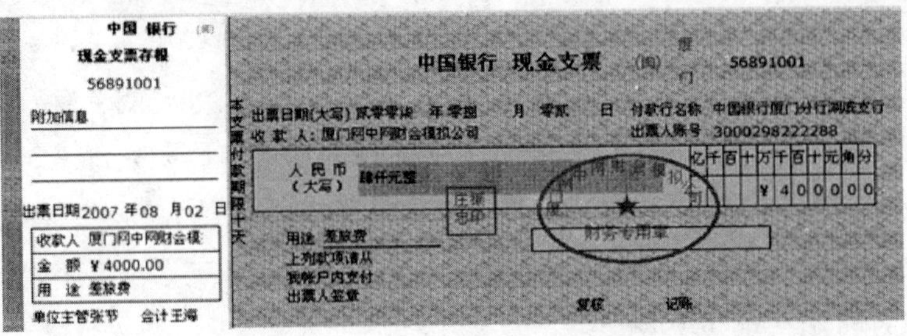

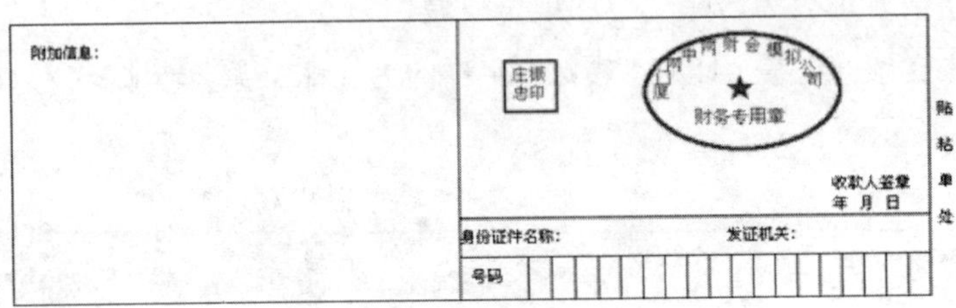

图 7-2 银行现金支票示意图

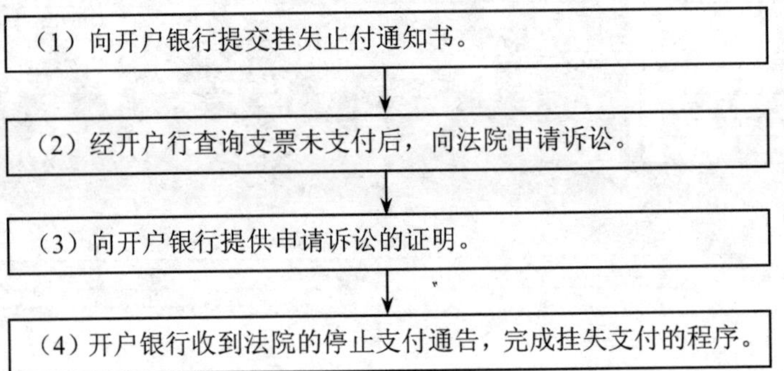

图 7-3 支票挂失程序

例题 1

下列关于支票的说法中，错误的有（　　）。

A. 支票的提示付款期限自出票日起 10 日

B. 支票的出票人预留银行签章是银行审核支票付款的依据，出票人不得签发与其预留银行签章不符的支票

C. 支票的金额、收款人名称，出票日期，可以由出票人授权补记

D. 出票人签发的支票金额超过其签发时在付款人处实有的存款金额的，为空头支票

答案：CD

【解析】支票的出票日期，不可以授权补记，C 错误；出票人签发的支票金额超过其付款时而不是签发时在付款人处实有的存款金额的，为空头支票，D 错误。

7.1.2 支票结算的程序

1. 现金支票结算程序

开户单位用现金支票提取现金时，由本单位出纳人员签发现金支票并加盖银行预留印鉴后，到开户银行提取现金。开户单位用现金支票向外单位或个人支付现金时，由付款单位出纳人员签发现金支票并加盖银行预留印鉴和注明收款人后交收款人，收款人持现金支票到付款单位开户银行提取现金，并按照银行的要求交验有关证件，如图 7-4 所示。

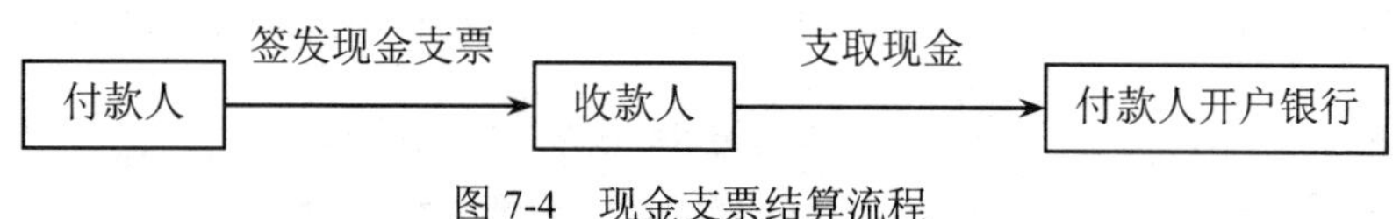

图 7-4 现金支票结算流程

2. 转账支票结算程序

付款人按应支付的款项签发转账支票后交给收款人，凭支票存根贷记“银行存款”账户，借记对应账户。收款人审查无误后，填制一张两联进账单连同支票一并送交本单位开户银行，经银行审查无误后，在进账单回单上加盖银行印章，退回收款人，作为收款人入账的凭据，收款人据此借记“银行存款”账户，贷记对应账户。进账单另一联和支票银行留存，作为划转款项和记账凭据，具体流程如图 7-5 所示。

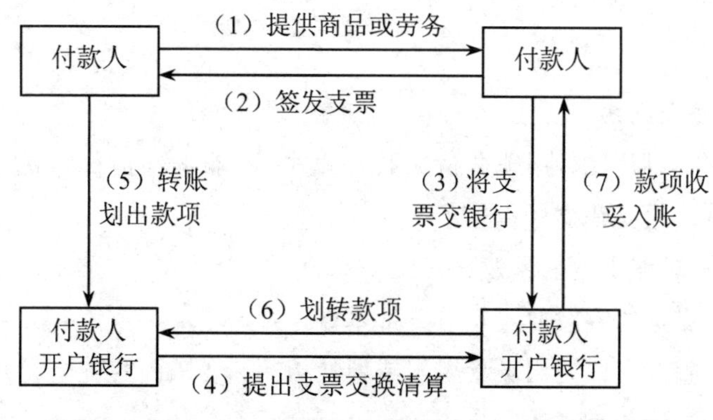

图 7-5 转账支票结算流程

7.1.3 支票结算的其他问题

为了避免发生丢失、被盗、空头等情况，防止由于管理不善而给单位带来经济损失，各单位应建立健全支票结算的内部控制制度，加强对支票结算的管理和控制，具体归纳为以下几点。

1. 领购支票

领用支票时，填写支付申请单，由领导签字，哪个部门申请的，申请人就填谁。支票存根上和支票登记簿上，由领走支票的人签字。出纳人员把收款人公司名称填好，就不用担心支票被冒领了，其他人拿去也用不了。

例题

下面我们来看看领购支票的申请单。领购支票的申请单如图 7-6 所示。

支票领用申请单

2012 年 4 月 5 日

部门	北京博文药物研发公司		项目名称	测试费	
收款单位	北京浩瀚化学测试有限公司				
支票用途	测试费				
支票金额	人民币：伍万元整 （大写） ￥：50000.00				
支票号码	05414570				
领导批示		财务主管		部门主管	

会计　　　　出纳　　　　领款人

图 7-6 支票领用申请单

2. 签发支票

支票支付是代替用现金付款的一种方式，企业在银行开立账户，购买支票后，就可以用支票支付货款了。

（1）转账支票的签发。

转账支标的签发要遵守以下基本规定：

- 签发支票要用碳素墨水或墨汁填写，要求内容齐全、大小写相符、不准涂改、更改；

- 签发支票的金额不得超过付款时在银行处实有的存款额，禁止签发空头支票；
- 出票人不得签发与其银行印鉴不符的支票，使用支付密码的，出票人不得签发支付密码错误的支票；
- 支票的金额、收款人名称、可以由出票人授权补记，未补记前不得背书转让，或向银行提示付款；
- 支票上未记载付款地的，付款人的营业场所为付款地；支票上未记载出票地的，出票人的营业场所、住所或者经常居住地为出票地。

转账支票的签发样张如图 7-7 所示。

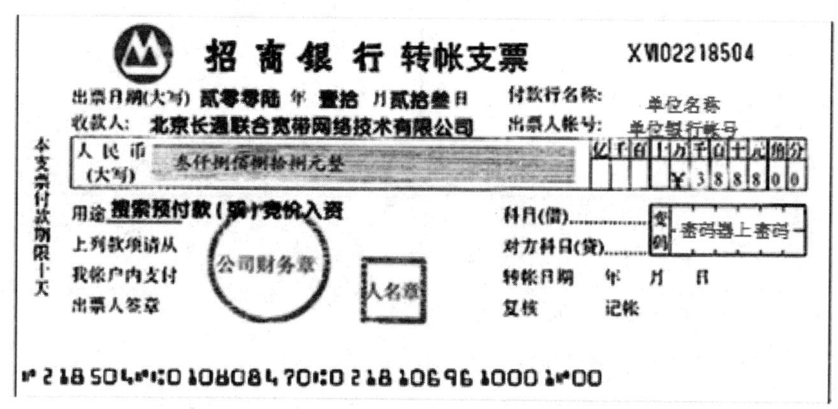

招商银行 转帐支票 XVI02218504

本支票付款期限十天

出票日期(大写) 贰零零陆 年 壹拾 月 贰拾叁 日　付款行名称: 单位名称

收款人: 北京长通联合宽带网络技术有限公司　出票人帐号: 单位银行帐号

人民币(大写)	亿	千	百	十	万	千	百	十	元	角	分
叁仟捌佰捌拾捌元整					¥	3	8	8	8	0	0

用途 搜索预付款

上列款项请从我帐户内支付

出票人签章　公司财务章　人名章

科目(借)……　对方科目(贷)……　密码　密码器上密码

转帐日期 年 月 日

复核 记帐

图 7-7　签发转账支票样张

（2）现金支票的签发。

现金支票的签发与其他支票有一定的区别，普通支票只需填写一定的对方收款信息即可，而现金支票还要填写支票背面的一些资料。现金支票的签发样张如图 7-8 所示。

3. 支票的验付及退票

（1）支票的验付。

银行收到收款人或持票人提交的支票后按照相关规定对支票进行审核，审核的内容为：

- 支票和进账单填写的内容是否一致，金额是否相符；
- 支票上的大小写金额是否一致；
- 支票上的金额是否超过结存余额；

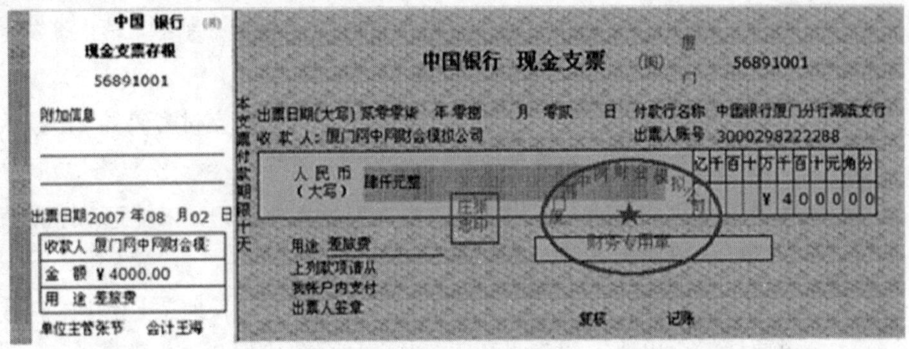
中国银行（闽）
现金支票存根
56891001
附加信息
出票日期2007年08月02日
收款人 厦门网中网财会模
金额 ¥4000.00
用途 差旅费
单位主管张节 会计王海

中国银行 现金支票 （闽） 厦门 56891001
本支票付款期限十天
出票日期（大写） 贰零零柒 年 零捌 月 零贰 日 付款行名称 中国银行厦门分行湖滨支行
收款人：厦门网中网财会模拟公司 出票人账号 3000298222288
人民币（大写） 肆仟元整

亿	千	百	十	万	千	百	十	元	角	分
				¥	4	0	0	0	0	0

用途 差旅费
上列款项请从
我帐户内支付
出票人签章
庄振忠印
厦门网中网财会模拟公司 ★ 财务专用章
复核 记账

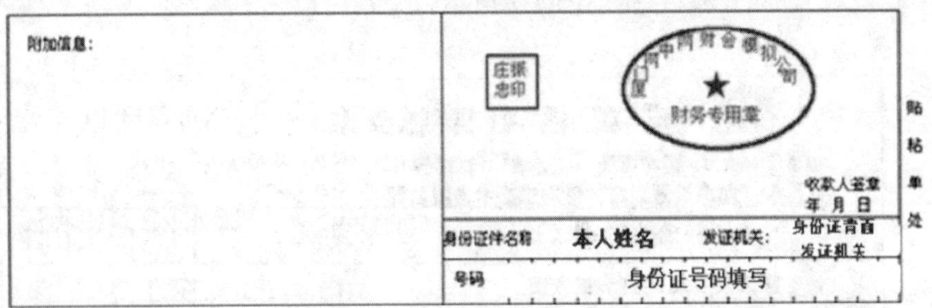
附加信息：
庄振忠印
厦门网中网财会模拟公司 ★ 财务专用章
收款人签章
年 月 日
身份证件名称 本人姓名 发证机关： 身份证背面发证机关
号码 身份证号码填写
贴粘单处

图 7-8 签发现金支票样张

- 支票上的记名及背书是否正确；
- 支票是否在付款期内；
- 支票上记载的内容如有更改，有无签发人签字或盖章；
- 支票上的签名和印鉴是否与其预留银行印鉴相符。

注：支票为见票即付，提示付款期限自出票日起 10 日（中国人民银行另有规定）；超过提示付款期限提示付款的，持票人开户银行不予受理，付款人不予付款；如果发现支票上的各项内容有不符规定之处，银行不予支付支票票款。

（2）支票退票。

支票退票，指银行认为该支票的款项不能进入收款人账户而将支票退回。退票原因如下：

- 存款不足以支付票款；
- 票据行为不规范。

发生退票时，银行应出具“退票理由书”，连同支票和进账单一并退给签发人或收款人。

4. 印章挂失和更换预留签章

各单位的预留银行印章遗失时，应当向开户行出具公函。遗失单位公章的，应有上级主管单位公函证明，同时填写“更换印章申请书”，由开户银行办理更换印章手续。印章遗失前签发了支票，在支票有效期内仍属有效。如在挂失前，单位的印章被人盗用，签发支票被人冒领的，由单位自行负责。

由于印章磨损、单位名称变更、人员变动需要更换预留签章的，由开户银行发给新印鉴卡。单位应将原印鉴盖在新印鉴卡的反面，将新印章盖在新印鉴卡的正面，并注明启用日期，交开户银行。

5. 支票的止付

支票的止付，指支票的持票人遗失支票后，以书面形式通知银行停止支付支票票款。但是银行在接到支票持有人通知前已经支付票款而造成持有人损失的，由其自行负责。关于支票的止付，有如下规定：

（1）已签发的现金支票遗失，可以向银行申请挂失。

申请挂失时，签发人应出具公函或有关证明，并加盖预留银行印鉴，同时交付一定的挂失手续费。银行收取挂失手续费，受理申请单位挂失后，在签发人账户的明显处用红笔注明“×年×月×日第×号支票挂失止付”字样，并将公函或有关证明一并保管。

（2）已签发的转账支票遗失，银行不予挂失，但付款单位可以请求收款单位协助防范。

例题

以下有关转账支票的表述中，错误的是（　　）。

A. 用于转账结算

B. 可背书转让

C. 既可用于转账结算，也可用于支取现金

D. 无需承兑，见票即付

答案：C

【解析】因为转账支票是不能支取现金的，所以C是错误的。

7.2 本票结算

银行本票的特点是应客户请求而签发，以代替现金流通，节约现金使用，缓冲货币投放压力，简化结算手续，有利于实现资金清算的票据化，加速资金周转，扩展资金来源。

7.2.1 本票及其分类

1. 什么是本票

本票是由出票人签发的，承诺自己在见票时无条件支付确定的金额给收款人或者持票人的票据。

2. 本票的分类

（1）按照出票人性质分类，如图 7-9 所示。

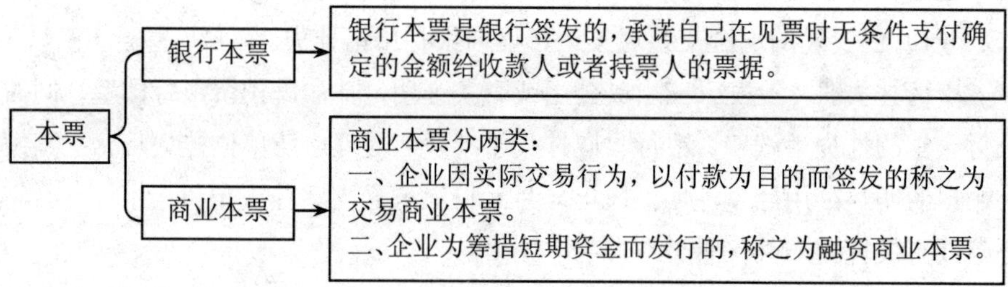

✸ 我国目前所称的本票是指银行本票。

图 7-9 本票的分类（一）

（2）按收款人的记载形式不同分类，如图 7-10 所示。

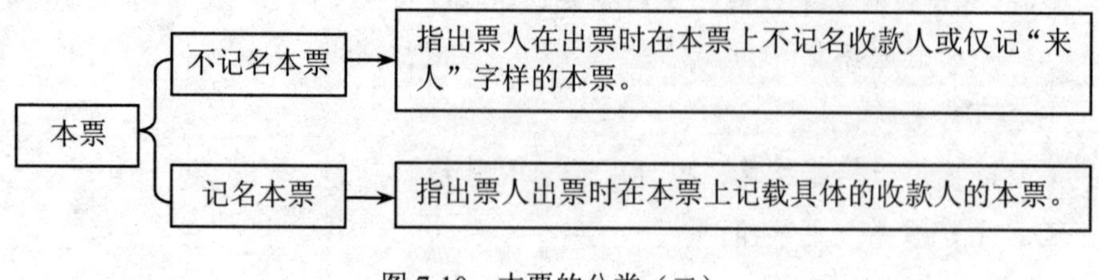

图 7-10 本票的分类（二）

（3）按金额是否预先固定的形式分类，如图 7-11 所示。

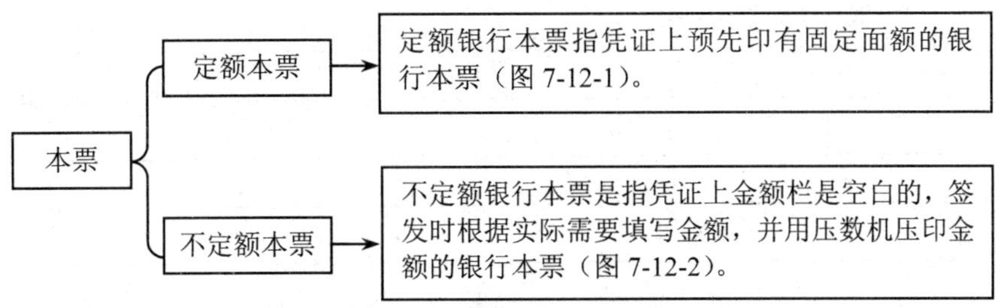

本票
定额本票
定额银行本票指凭证上预先印有固定面额的银行本票（图 7-12-1）。
不定额本票
不定额银行本票是指凭证上金额栏是空白的，签发时根据实际需要填写金额，并用压数机压印金额的银行本票（图 7-12-2）。

图 7-11　本票的分类（三）

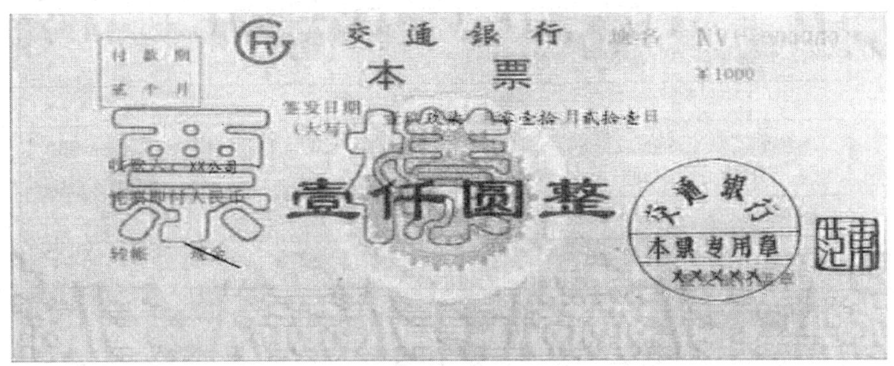

图 7-12-1　定额本票

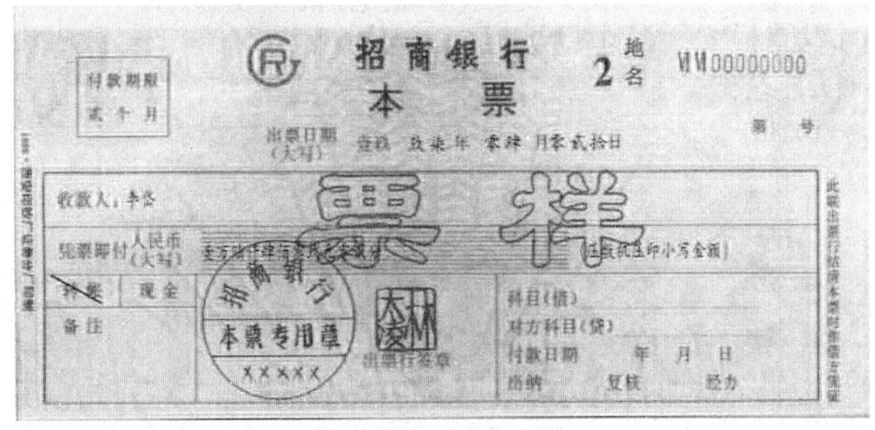

图 7-12-2　不定额本票

7.2.2　本票结算的基本规定

银行本票结算的基本规定，如图 7-13 所示。

（1）银行本票一律记名。

↓

（2）银行本票允许背书转让。

↓

（3）不予签发远期本票。

↓

（4）银行本票的付款期为 2 个月（逾期的银行本票，兑付银行不予受理）。

↓

（5）银行本票见票即付，不予挂失，遗失的不定额银行本票在付款期满后 1 个月内确未冒领，可以办理退款手续。

↓

（6）不定额本票的金额起点为 100 元，定额本票的面额分为 1000 元、5000 元、10000 元和 50000 元。

↓

（7）银行本票需支取现金的，付款人应在“银行本票申请书”上填明“现金”字样，银行受理签发本票时，在本票上划去“转账”字样并盖章，收款人凭此本票即可支取现金。

↓

（8）银行本票的出票人，为经中国人民银行当地分支行批准办理银行本票业务的银行机构。

图 7-13　银行本票结算的基本规定

例题 1

本票的原始当事人有（　　）。

A. 出票人　　B. 付款人　　C. 收款人　　D. 保证人

答案：AC

【解析】银行本票的原始当事人只有出票人和收款人。

例题 2

定额本票面额有（　　）。

A. 1000 元　　B. 5000 元　　C. 1 万元　　D. 5 万元

答案：ABCD

【解析】定额本票面额有 1000 元、5000 元、1 万元和 5 万元四类。

7.2.3 银行本票的结算程序

银行本票结算程序流程图，如图 7-14 所示。

- 银行本票结算程序
  - 1 申请签发银行本票
  - 2 出票
  - 3 收款人受理银行本票
  - 4 银行网划拨资金

- 1 申请签发银行本票
  - （1）申请人向银行交存款项，填写“银行本票申请书”申请签发银行本票。
  - （2）银行向申请人签发银行本票。
  - （3）申请人（付款人）持票在同城范围内办理结算。
  - （4）收款人持本票、进账单到开户银行办理收款。
  - （5）收款人开户银行收妥入账，并退回进账单回单结收款人。
  - （6）银行间传递凭证，划转款项。

- 2 出票
  - （1）表明本票字样。
  - （2）无条件支付的承诺。
  - （3）确定的金额。
  - （4）收款人名称。
  - （5）出票日期。
  - （6）出票人签章。

- 3 收款人受理银行本票
  - （1）收款人是否为本单位或本人。
  - （2）银行本票是否在提示付款期限内。
  - （3）必须记载的事项是否齐全。
  - （4）出票人签章是否符合规定。
  - （5）不定额银行本票是否有压数机压印的出票金额，并与大写出票金额 致。
  - （6）出票金额、出票日期、收款人名称是否更改。
  - （7）更改的其他记载事项是否由原记载人签章证明。

- 4 银行间划拨资金
  - （1）收款人开户银行收妥入账后，通知收款人。
  - （2）付款人开户行和收款人开户行办理资金划拨。

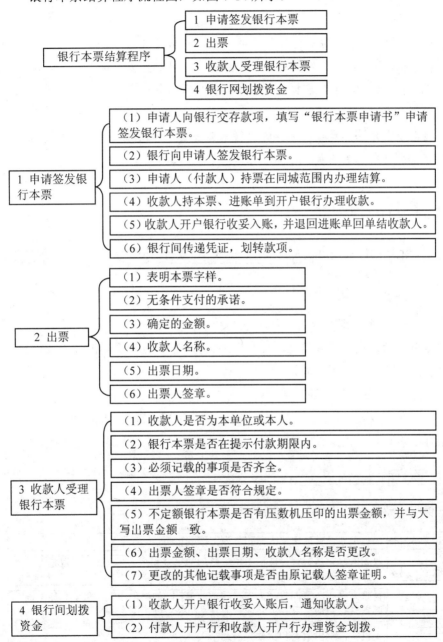

图 7-14 银行本票结算程序流程图

例题 3

关于银行本票，说法正确的有（　　）。

A. 填明“现金”字样的银行本票不得背书转让

B. 填明“现金”字样的银行本票丧失，不得挂失止付

C. 未填明“现金”字样的银行本票丧失，可以挂失止付

D. 未填明“现金”字样的银行本票可以背书转让

答案：AD

【解析】填明“现金”字样的银行本票丧失，可以挂失止付；未填明“现金”字样的银行本票丧失，不可以挂失止付。

7.3 银行汇票结算

银行汇票的特点是票随人到、用款及时、付款有保证、使用灵活、兑现性强。

7.3.1 银行汇票及其使用范围

1. 什么是银行汇票

银行汇票是指汇款人将款项交存当地银行，由银行签发给汇款人持往异地办理转账结算或支取现金的票据。

2. 银行汇票使用范围

出票银行为银行汇票的付款人。银行汇票可以用于转账，填明“现金”字样的银行汇票也可以用于支取现金。单位和个人各种款项结算，均可使用银行汇票。

7.3.2 银行汇票结算的程序

银行汇票结算的当事人，如图 7-15 所示。

1 出票人	银行汇票结算的出票人是指签发汇票的银行。
2 收款人	收款人是指从银行提取汇票所汇款项的单位和个人，收款人可以是汇款人本身，也可以是与汇款人有商品交易往来或汇款人要与之办理结算的人。
3 付款人	付款人是指负责向收款人支付款项的银行。如果出票人和付款人属于同一间银行，如都是中国工商银行的分支机构，则出票人和付款人实际上为同一个人，如果出票人和付款人不属于同一间银行，而是两间不同银行的分支机构，则出票人和付款人为两个人。

图 7-15　银行汇票结算当事人

银行汇票的主要内容，如图 7-16 所示。

（1）收款人姓名或单位。

（2）汇款人姓名或单位。

（3）签发日期（发票日）。

（4）汇款金额、实际结算金额、多余金额。

（5）汇款用途。

（6）兑付地、兑付行、行号。

（7）付款日期。

图 7-16　银行汇票主要内容

银行汇票一式四联，如图 7-17 所示。

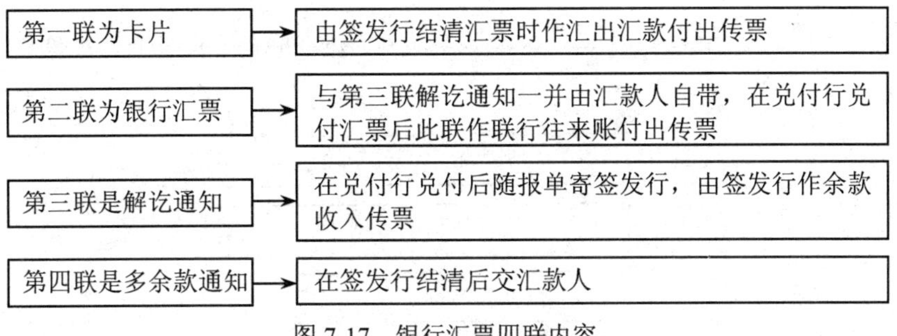

图 7-17　银行汇票四联内容

银行汇票的结算程序，如图 7-18 所示。

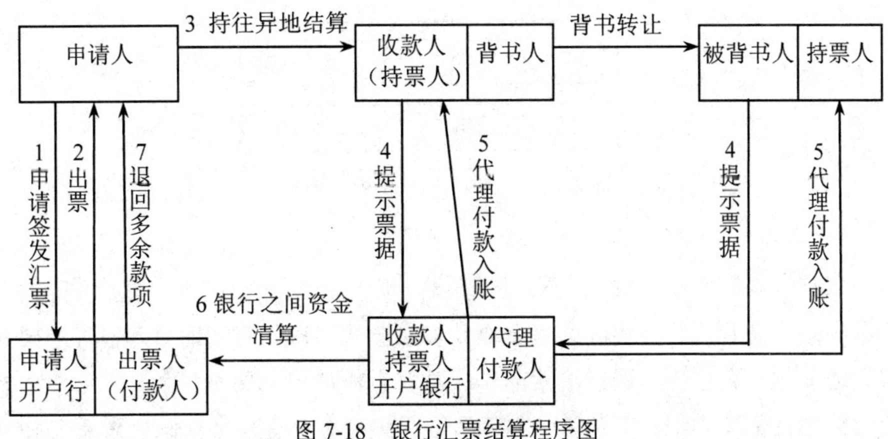

图 7-18　银行汇票结算程序图

7.3.3 银行汇票结算的注意事项

1. 申请

申请人使用银行汇票，应向出票银行填写“银行汇票申请书”，填明收款人名称、汇票金额、申请人名称、申请日期等事项并签章，签章为其预留银行的签章。

申请人和收款人均为个人，需要使用银行汇票向代理付款人支取现金的，申请人须在“银行汇票申请书”上填明代理付款人名称，在“出票金额”栏先填写“现金”字样，后填写汇票金额。

申请人或者收款人为单位的，不得在“银行汇票申请书”上填明“现金”字样。

2. 签发并交付

出票银行受理银行汇票申请书，收妥款项后签发银行汇票，并将银行汇票和解讫通知一并交给申请人。签发银行汇票必须记载下列事项，如图 7-19 所示。

（1）表明“银行汇票”的字样。

（2）无条件支付的承诺。

（3）付款人名称。

（4）收款人名称。

（5）出票人签章。

（6）出票金额。

（7）出票日期。

图 7-19 银行汇票记载事项

3. 填写实际结算金额

收款人收到申请人交付的银行汇票时，应在出票金额以内，根据实际需要的款项办理结算，并将实际结算金额和多余金额准确、清晰地填入银行汇票和解讫通知的相关栏内。银行汇票的实际结算金额低于出票金额的，其多余金额由出票银行退交申请人。未填明实际结算金额和多余金额或实际结算金额超过出票金额的，银行不予受理。银行汇票的实际结算金额一经填写不得更改，更改实际结算金额的银行汇票无效。

4. 银行汇票背书

被背书人收到银行汇票时，除按照收款人接受银行汇票进行相应的审查外，还应审查以下事项，如图 7-20 所示。

（1）银行汇票是否记载实际结算金额，有无更改，其金额是否超过出票金额。

（2）背书是否连续，背书人签章是否符合规定，背书使用粘单的是否按规定签章。

（3）背书人为个人的身份证件。

图 7-20 银行汇票背书审查的事项

银行汇票的背书转让以不超过出票金额的实际结算金额为准。未填写实际结算金额或实际结算金额超过出票金额的银行汇票不得背书转让。

例题 1

下列关于银行汇票的表述中，正确的有（ ）。

A. 银行汇票的实际结算金额不得更改，且不得超过出票金额

B. 持票人向银行提示付款时，须同时提交银行汇票和解讫通知

C. 银行汇票的提示付款期限自出票日起 1 个月

D. 申请人或者收款人为单位的，可以申请使用现金银行汇票

答案：ABC

【解析】申请人或收款人为单位的，银行不得为其签发现金银行汇票，D 错误。

7.4 商业汇票结算

商业汇票在同城、异地都可以使用，而且没有结算起点的限制。它的使用对象也相对较少，使用对象是在银行开立账户的法人。

7.4.1 商业汇票及其适用范围

（1）什么是商业汇票。

商业汇票是指收款人或付款人（或承兑申请人）签发，由承兑人承兑，并

于到期日向付款人或被背书人支付款项的票据。

（2）商业汇票使用范围。

与银行汇票相比，商业汇票的适用范围相对较窄，各企业、事业单位之间只有根据购销合同进行合法的商品交易，才能签发商业汇票。除商品交易以外，其他方面的结算，如劳务报酬、债务清偿、资金借贷等不可采用商业汇票结算方式。

7.4.2 商业汇票结算程序

商业汇票的结算程序，如图 7-21 所示。

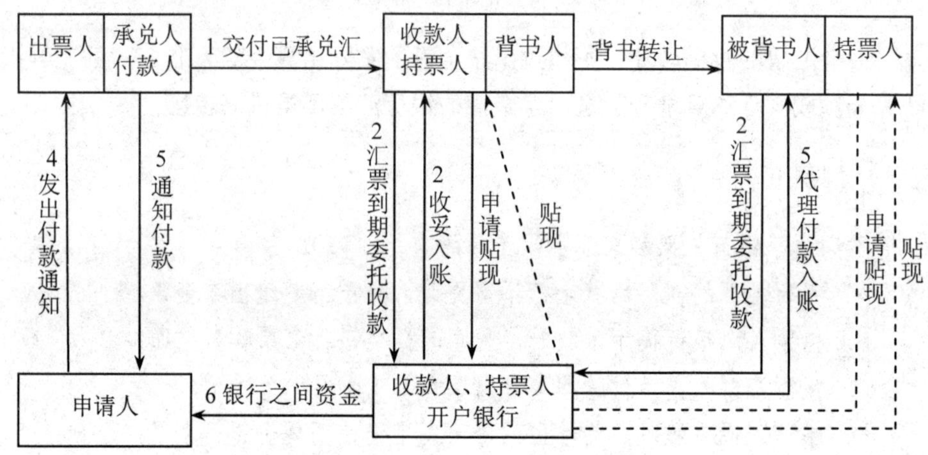

图 7-21 商业汇票的结算程序图

1. 商业汇票的承兑

商业汇票可以在出票时向付款人提示承兑后使用，也可以在出票后先使用再向付款人提示承兑。付款人拒绝承兑的，必须出具拒绝承兑的证明。付款人承兑汇票后，应当承担到期付款的责任。

2. 商业汇票的付款

商业承兑汇票的付款人开户银行收到通过委托收款寄来的商业承兑汇票，将商业承兑汇票留存，并及时通知付款人。付款人收到开户银行的付款通知，应在当日通知银行付款。付款人在接到通知的次日起 3 日内未通知银行付款的，视同付款人承诺付款。

银行承兑汇票的出票人于汇票到期日未能足额交存票款时，承兑银行除凭

票向持票人无条件付款外，对出票人尚未支付的汇票金额按照每天万分之五计收利息。银行承兑汇票的付款人存在合法抗辩事由拒绝支付的，应自接到汇票的次日起 3 日内，出具拒绝付款证明，连同银行承兑汇票邮寄持票人开户银行转交持票人。

7.4.3 商业汇票的贴现

1. 什么是商业汇票的贴现

商业汇票的贴现是指票据持票人在票据未到期前为获得现金向银行贴付一定利息而发生的票据转让行为。通过贴现，贴现银行获得票据的所有权。

2. 贴现的规定

（1）贴现条件。

商业汇票的持票人向银行办理贴现时必须具备下列条件：是在银行开立存款账户的企业法人以及其他组织；与出票人或者直接前手之间具有真实的商品交易关系；提供与其直接前手之间进行商品交易的增值税发票和商品发运单据复印件。

（2）贴现利息的计算。

贴现的期限从其贴现之日起至汇票到期日止。实付贴现金额按票面金额扣除贴现日至汇票到期日前 1 日的利息计算。承兑人在异地的，贴现的期限以及贴现利息的计算应另加 3 天的划款日期。

（3）贴现的收款。

贴现到期，贴现银行应向付款人收取票款。不获付款的，贴现银行应向其前手追索票款。贴现银行追索票款时可从申请人的存款账户直接收取票款。

例题 1

下列关于商业汇票的说法中，正确的有（　　）。

A. 自然人不得使用商业汇票

B. 持票人持商业汇票申请贴现，必须具有真实贸易背景

C. 商业汇票的提示付款期限，自汇票出票日起 10 日

D. 商业汇票的付款期限，最长不得超过 6 个月

答案：ABD

【解析】商业汇票的提示付款期限，自汇票到期日起 10 日。

例题 2

关于商业汇票的付款期限，说法正确的有（　　）。

A. 商业汇票的付款期限最长不得超过 3 个月

B. 定日付款的汇票付款期限自出票日起计算

C. 出票后定期付款的汇票付款期限自出票日起计算

D. 见票后定期付款的汇票付款期限自出票日起计算

答案：BC

【解析】商业汇票的付款期限最长不得超过 6 个月，见票后定期付款的汇票付款期限自承兑或拒绝承兑日起计算。

例题 3

商业汇票绝对记载事项包括（　　）。

A. 无条件支付的委托

B. 确定的金额

C. 付款人名称

D. 付款地

答案：ABC

【解析】付款地不是商业汇票的绝对记载事项，商业汇票的付款地为承兑人所在地

7.5　汇兑结算

汇兑结算适用范围广，手续简便易行、灵活方便，因而是目前一种应用极为广泛的结算方式。

7.5.1　汇兑及其分类

1. 什么是汇兑

汇兑是指汇款人委托银行将其款项支付给收款人的结算方式。

2. 汇兑的分类

根据划转款项的不同方法及传递方式的不同分类，如图 7-22 所示。

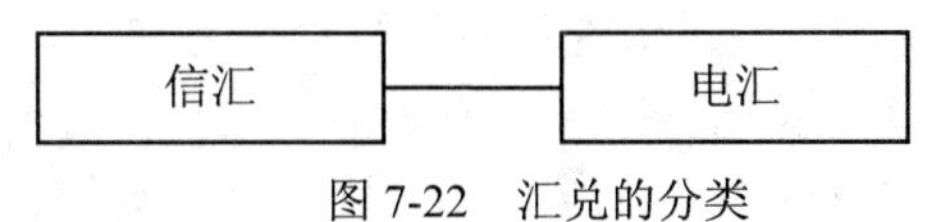

图 7-22 汇兑的分类

（1）信汇。

信汇是指汇款人向银行提出申请，同时交存一定金额及手续费，汇出行将信汇委托书以邮寄方式寄给汇入行，授权汇入行向收款人解付一定金额的一种汇兑结算方式。

（2）电汇。

电汇是指汇款人将一定款项交存汇款银行，汇款银行通过电报或电传给目的地的分行或代理行（汇入行），指示汇入行向收款人支付一定金额的一种汇款方式。

7.5.2 汇兑结算程序

汇兑结算程序如图 7-23 所示。

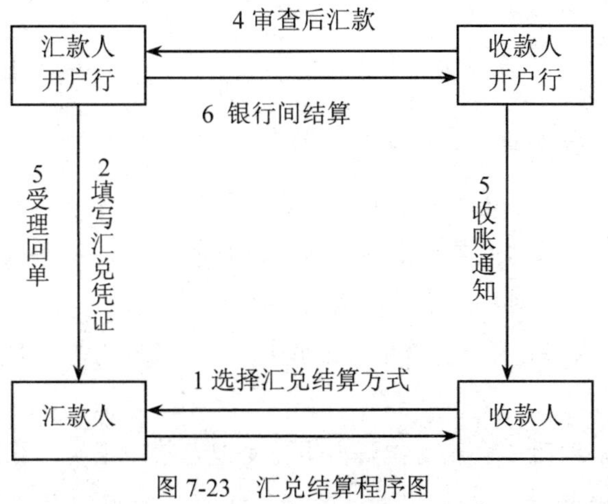

图 7-23 汇兑结算程序图

7.5.3 汇兑结算的注意事项

1. 签发汇兑凭证

签发汇兑凭证必须记载下列事项：表明“信汇”或“电汇”的字样；无条件支付的委托；确定的金额；收款人名称；汇款人名称；汇入地点、汇入行名称；汇出地点、汇出行名称；委托日期；汇款人签章。

汇兑凭证记载的汇款人、收款人在银行开立存款账户的，必须记载其账号。汇款人和收款人均为个人，需要在汇入银行支取现金的，应在信汇、电汇凭证的“汇款金额”大写栏，先写“现金”字样，后填写汇款金额。

2. 银行受理

汇出银行受理汇款人签发的汇兑凭证，经审查无误后，应及时向汇入银行办理汇款，并向汇款人签发汇款回单。汇款回单只能作为汇出银行受理汇款的依据，不能作为该笔汇款已转入收款人账户的证明。

3. 汇入处理

汇入银行对在本行开立存款账户的收款人，应将汇入的款项直接转入收款人账户，并向其发出收账通知。收账通知是银行将款项确已收入收款人账户的凭据。

支取现金的，信汇、电汇凭证上必须有按规定填明的“现金”字样，才能办理。未填明“现金”字样需要支取现金的，由汇入银行按照国家现金管理规定审查支付。转账支付的，应由原收款人填制支款凭证，并由本人向银行交验其身份证件办理支付款项。

例题1

关于汇兑，下列说法正确的有（　　）。

A. 汇款回单是该笔汇款已转入收款人账户的证明

B. 汇款人可以对尚未汇出的款项申请撤销

C. 汇款人可以对已经汇出的款项申请退汇

D. 对在汇人银行开立存款账户的收款人，由汇款人与收款人自行联系退汇

答案：BCD

【解析】汇款回单只能用作汇出银行受理汇款的证明，不能表明该笔汇款已转入收款人账户。

例题2

根据支付结算法律制度的规定，在汇兑中汇入银行对于向收款人发出取款通知，经过（　　）无法交付的汇款，应主动办理退汇。

A. 1个月　　　　B. 2个月

C. 3个月　　　　D. 6个月

答案：B

【解析】汇入银行对于向收款人发出取款通知，经过“2 个月”无法交付的汇款应主动办理退汇。

例题 3

汇款人签发汇兑凭证时，必须记载的事项有（　　）。

A. 无条件支付的委托

B. 确定的金额

C. 收款人名称

D. 汇款人名称

答案：ABCD

【解析】汇款人签发汇兑凭证时，必须记载的事项有：表明“信汇”或“电汇”的字样；无条件支付的委托；确定的金额；收款人名称；汇款人名称；汇入地点余汇入行名称；汇出行地点与汇出行名称；委托日期；汇款人签章等。

7.6　委托收款结算

委托收款具有使用范围广、灵活、简便等特点，委托收款在同城、异地均可以使用。下面就来讲解委托收款的相关知识。

7.6.1　委托收款及其使用范围

1. 什么是委托收款

委托收款是指收款人委托银行向付款人收取款项的结算方式。

2. 委托收款的使用范围

单位和个人凭已承兑商业汇票、债券、存单等付款人债务证明办理款项的结算，均可以使用委托收款结算方式。委托收款在同城、异地均可以使用。

7.6.2　委托收款结算程序

委托收款结算程序如图 7-24 所示。

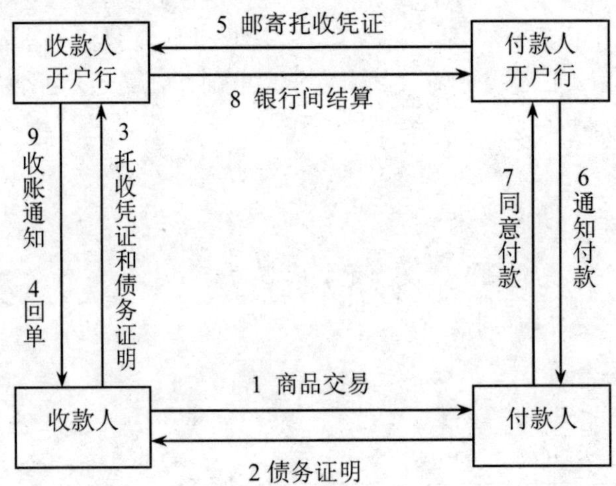

图 7-24 委托收款结算程序图

7.6.3 委托收款结算注意事项

1. 签发托收凭证

签发托收凭证必须记载下列事项，如图 7-25 所示。

（1）表明“托收”的字样。

（2）确定的金额。

（3）付款人名称。

（4）收款人名称。

（5）委托日期。

（6）收款人签章。

（7）委托收款凭据名称及附寄单证张数。

图 7-25 委托收款事项

2. 委托

收款人办理委托收款应向银行提交委托收款凭证和有关的债务证明。

3. 付款

银行接到寄来的委托收款凭证及债务证明，审查无误后办理付款。

（1）以银行为付款人的，银行应当在当日将款项主动支付给收款人。

（2）以单位为付款人的，银行应及时通知付款人，需要将有关债务证明交给付款人的应交给付款人。

（3）付款人审查有关债务证明后，对收款人委托收取的款项需要拒绝付款的，可以办理拒绝付款。

例题1

某企业2月1日收到银行的委托收款通知，如该企业对收款人委托收取的款项需要拒绝付款应当在（　　）内出具拒绝证明。

A. 2月1日~2月3日

B. 2月1日~2月4日

C. 2月1日~2月10日

D. 2月1日~2月11日

答案：B

【解析】以单位为付款人的，应当在付款人接到通知的次日起3日内出具拒绝证明。

例题2

根据支付结算法律制度的规定，委托收款的付款人应当在接到通知的当日书面通知银行付款，如果付款人未在（　　）通知银行付款的，视同付款人同意付款。

A. 银行发出通知之日起3日内

B. 银行发出通知的次日起3日内

C. 付款人接到通知之日起3日内

D. 付款人接到通知的次日起3日内

答案：D

【解析】在委托收款中，付款人应当在接到通知的当日书面通知银行付款，如果付款人未在接到通知日的次日起 3 日内通知银行付款的，视同付款人同意付款。

例题 3

委托收款凭证必须记载（　　）。

A. 确定的金额

B. 付款人名称

C. 收款人名称

D. 委托收款凭据名称及附寄单证张数

答案：ABCD

【解析】委托收款凭证必须记载下列事项：表明“委托收款”的字样；确定的金额；付款人名称；收款人名称，委托收款凭据名称及附寄单证张数；委托日期；收款人签章等。

7.7 托收承付结算

托收承付具有适用范围较窄、监督严格和信用度较高的特点，只适用于国营单位和集体单位之间的商品交易，其他性质的单位和除商品交易外的其他款项结算无法使用托收承付结算。

7.7.1 托收承付及其使用范围

1. 什么是托收承付

托收承付是指根据购销合同，由收款人发货后委托银行向异地购货单位收取货款，购货单位根据合同核对单证或验货后，向银行承认付款的一种结算方式。托收承付结算每笔的金额起点为 1 万元，新华书店系统每笔的金额起点为 1000 元。

2. 托收承付范围

托收承付结算方式只适用于异地订有经济合同的商品交易及相关劳务款项的结算。代销、寄销、赊销商品的款项，不得办理异地托收承付结算。

该结算办法的最大特点是其适用范围受到严格的限制，如图 7-26 所示。

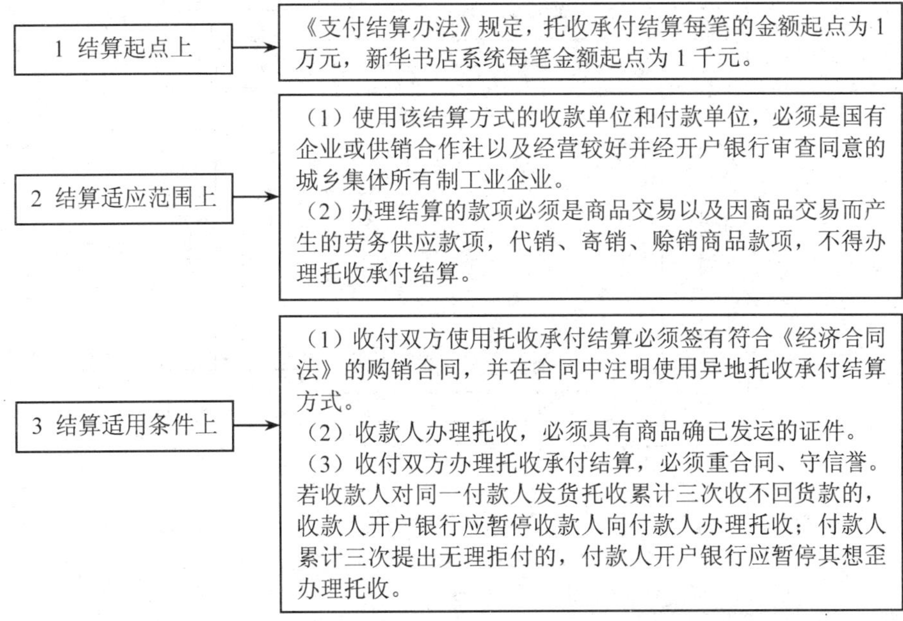

1 结算起点上

2 结算适应范围上
（1）使用该结算方式的收款单位和付款单位，必须是国有企业或供销合作社以及经营较好并经开户银行审查同意的城乡集体所有制工业企业。

3 结算适用条件上

图 7-26　托收承付的限制范围

7.7.2　托收承付结算程序

异地托收承付结算应具备的条件，如图 7-27 所示。

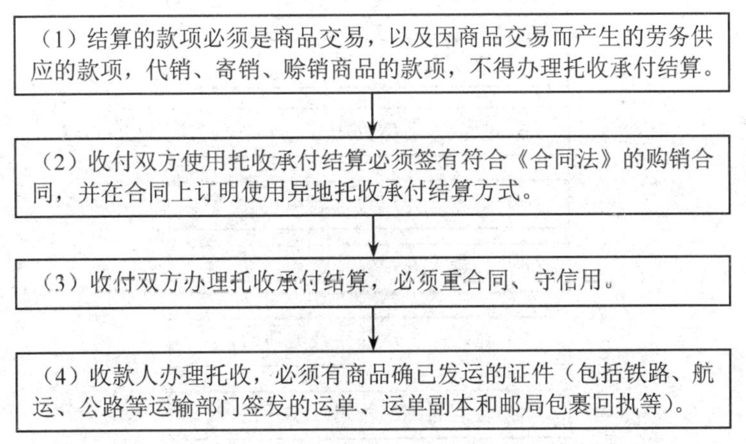

（1）结算的款项必须是商品交易，以及因商品交易而产生的劳务供应的款项，代销、寄销、赊销商品的款项，不得办理托收承付结算。
（2）收付双方使用托收承付结算必须签有符合《合同法》的购销合同，并在合同上订明使用异地托收承付结算方式。
（3）收付双方办理托收承付结算，必须重合同、守信用。
（4）收款人办理托收，必须有商品确已发运的证件（包括铁路、航运、公路等运输部门签发的运单、运单副本和邮局包裹回执等）。

图 7-27　托收承付应具备的条件

托收承付结算程序，如图 7-28 所示。

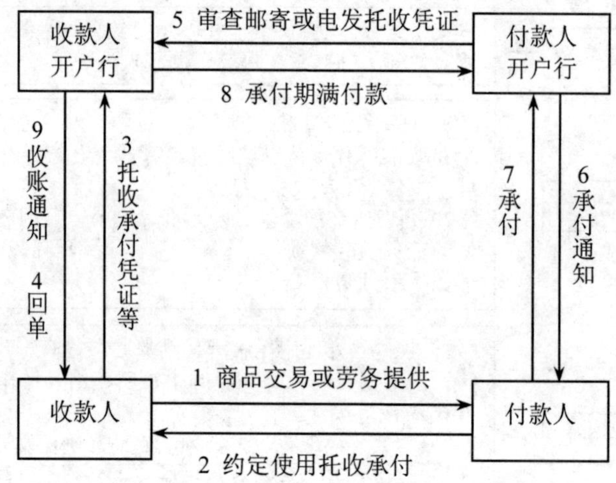

图 7-28　托收承付结算程序

7.7.3　托收承付结算注意事项

1. 签发托收凭证

签发托收凭证必须记载以下事项，如图 7-29 所示。

（1）表明“托收”的字样。

（2）确定的金额。

（3）付款人名称及账号。

（6）收款人名称及账号。

（7）付款人开户银行名称。

（6）收款人开户银行名称。

（7）托收附寄单证张数或册数。

（8）合同名称、号码、委托日期。

（9）收款人签章。

图 7-29　签发托收凭证事项

2. 托收

收款人按照签订的购销合同发货后，委托银行办理托收，需要注意两个事项，如图 7-30 所示。

（1）收款人应将托收凭证或其他符合托收承付结算要求的有关证明和交易单证送交银行

（2）收款人开户银行借到托收凭证及其附件后，应当按照托收的范围条件和托收凭证记载的要求认真进行审查，必要时，还应查验收付款人签订的购销合同

图 7-30　托收注意事项

3. 承付

付款人开户银行受到托收凭证及其附件后，应当及时通知付款。付款人应在承付期内审查核对，安排资金。承付货款分为验单付款和验货付款两种，由收付双方商量选用，并在合同中明确规定。承付需要注意的事项，如图 7-31 所示。

（1）验单付款的承付期为 3 天，从付款人开户银行发出承付通知的次日算起（承付期内遇法定休假日顺延）

↓

（2）验货付款的承付期为 10 天，从运输部门向付款人发出提货通知的次日算起

↓

（3）付款人在承付期内，未向银行表示拒绝付款，银行即视作承付，并在承付期满的次日上午银行开始营业时，将款项划给收款人

↓

（4）不论验单付款还是验货付款，付款人都可以在承付期内提前向银行表示承付，并通知银行提前付款，银行应立即办理划款

图 7-31　承付注意事项

4. 逾期付款

付款人在承付期满日银行营业终了时，如无足够资金支付，其不足部分，即为逾期未付款项，按逾期付款处理。

5. 拒绝付款

付款人在承付期内可向银行提出全部或部分拒绝付款，有以下几种情况，如图 7-32 所示。

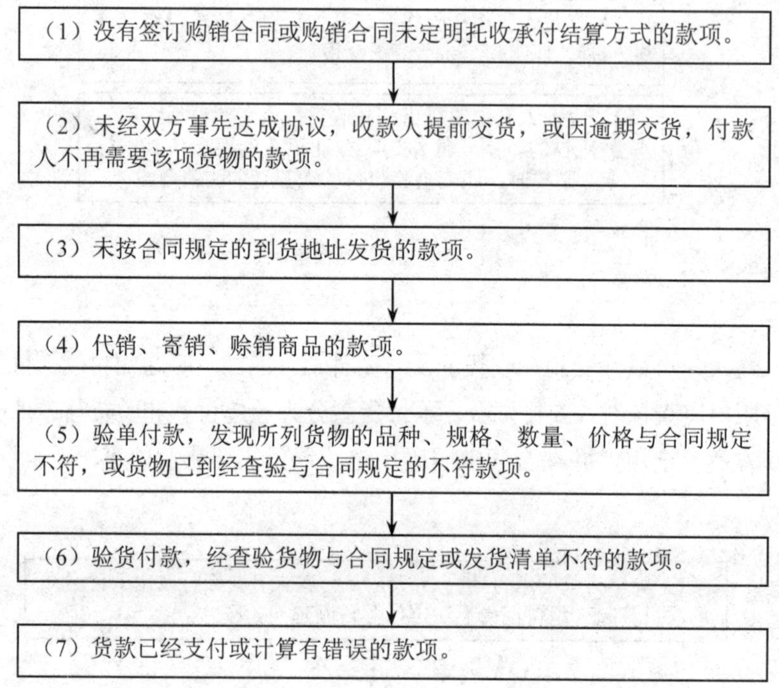

（1）没有签订购销合同或购销合同未定明托收承付结算方式的款项。
（2）未经双方事先达成协议，收款人提前交货，或因逾期交货，付款人不再需要该项货物的款项。
（3）未按合同规定的到货地址发货的款项。
（4）代销、寄销、赊销商品的款项。
（5）验单付款，发现所列货物的品种、规格、数量、价格与合同规定不符，或货物已到经查验与合同规定的不符款项。
（6）验货付款，经查验货物与合同规定或发货清单不符的款项。
（7）货款已经支付或计算有错误的款项。

图 7-32　拒绝付款的几种情况

6. 重办托收

收款人对被无理拒绝付款的托收款项，在收到退回的结算凭证及其所付单证后，需要委托银行重办托收。经开户银行审查，确属无理拒绝付款，可以重办托收。

例题 1

托收承付结算每笔的金额起点为（　　）。

A. 1 万元　　B. 2 万元　　C. 5 万元　　D. 10 万元

答案：A

【解析】按照规定，托收承付结算每笔的金额起点为 1 万元，新华书店系统为 1 千元。

例题 2

根据《支付结算办法》规定，下列各项中，属于收款人根据购销合同发货后委托银行向异地付款人收取款项，付款人向银行承认付款的结算方式是（　　）。

A. 汇兑结算方式　　B. 信用证结算方式

C. 托收承付结算方式　　D. 委托收款结算方式

答案：C

【解析】本题考核托收承付的概念。托收承付结算是指根据买卖合同由收款人发货后委托银行向异地付款人收取款项，由付款人向银行承认付款的结算方式。

例题 3

（　　）不得办理托收承付结算。

A. 因商品交易，以及因商品交易而产生的劳务供应的款项

B. 赊销商品的款项

C. 寄销商品的款项

D. 代销商品的款项

答案：BCD

【解析】因商品交易，以及因商品交易而产生的劳务供应的款项，可以办理托收承付结算。

7.8 信用卡结算

信用卡在国外运用较为广泛，而我国信用卡业务仍处于发展阶段。随着信用卡业务的发展，信用卡的种类不断增多，用途也各种各样。

7.8.1 信用卡概念及其使用范围

1. 什么是信用卡

信用卡是商业银行向个人和单位发行的，凭以向特约单位购物、消费和向银行存取现金，具有消费信用的特制载体卡片，其形式是一张正面印有发卡银行名称、有效期、号码、持卡人姓名等内容，背面有磁条、签名条的卡片。现在所说的信用卡，一般指贷记卡。

通俗地说，信用卡就是银行提供给用户的一种先消费后还款的小额信贷支付工具。即当购物需求超出了支付能力或者不希望使用现金时，可以向银行借钱，不需要支付任何的利息和手续费。信用卡就是银行答应借钱的凭证，另外还可以在信用卡中没有钱的情况下，直接从 ATM 机器中取出现金。

2. 信用卡的使用范围

持卡人可在同城和异地凭卡支取现金、转账结算和消费信用等。信用卡在国外运用较为广泛，而我国信用卡业务仍处于发展阶段。

7.8.2 信用卡申请与使用

1. 信用卡的申请

申请信用卡的基本条件，对各个银行来说基本上是可以通用的，由于不同银行且不同类型的银行卡功能不同，因此在申办的时候对申请人附加条件是不同的。

个人信用卡申请的基本条件：

（1）担供有效的身份证复印件，这是最最基本的条件了。

（2）年满 18 周岁，有固定职业和稳定收人，即必须要有工作，最好能提供工作证明或名片。

（3）除了身份证复印件以及工作证明外，最好还可以提供其他的相关资料，如社保卡（交满三个月），或使用半年以上他行信用卡，或大学本科学历，或世界 500 强企业工作证明。当然了，如果是公务员，有房有车的话，那就更好了。

一般来讲，稳定的工作是成功申请信用卡的必要条件。当然这也不是绝对的，例如现在都有专门针对大学生的办卡业务，另外也可以通过社会上的一些办卡中介办理信用卡，他们的门路比较多。对于收入不稳定但是也想办卡的朋友来讲，通过他们办卡也是一个不错的选择。

2. 信用卡的使用

（1）开卡。

由于信用卡申请通过后是通过邮寄将卡片寄出，所以并不能保证领取人就是申请人。为了使申请人和银行免遭盗刷损失，信用卡在正式启用前设置了开

卡程序。开卡主要是通过电话或者网络等，核对申请时提供的相关个人信息，符合后即完成开卡程序，此时申请人变为卡片持有人，在卡片背后签名后可以正式开始使用。

（2）核发。

通常，银行会根据申请资料，考察申请人多方面的资料与经济情况，来判断是否发信用卡给申请人。考虑的因素有：申请人过去的信用记录、申请人已知的资产、职业特性等。发卡行审核的具体内容与过程属于商业机密，外界一般很难了解。各个发卡行的标准也不尽相同，因此，同样的材料在不同的银行可能会出现核发的信用额度不同，信用卡的种类不同，甚至会出现有的银行审核通过，而有的银行拒发的情况。

（3）辨识。

信用卡卡面上至少有如下信息。

正面：发卡行名称及标识、信用卡别（组织标识）及全息防伪标记、卡号、英文或拼音姓名、启用日期（一般计算到月）、有效日期（一般计算到月），最新发行的卡片正面附有芯片。

背面：卡片磁条、持卡人签名栏（启用后必须签名）、服务热线电话、卡号末四位号码或全部卡号（防止被冒用）、信用卡安全码（在信用卡背面的签名栏上，紧跟在卡号末四位号码的后面的三位数字，用于电视、电话及网络交易等）。

（4）使用。

信用卡通常仅限于持卡人本人使用，外借给他人使用一般是违反使用合同的。

7.8.3 信用卡透支、销户及挂失

1. 信用卡透支

信用卡的持卡人在信用卡账户内资金不足以支付款项时，可以在规定的限额内透支，并在规定期限内将透支款项偿还给发卡银行。

信用卡恶意透支是指持卡人以非法占有为目的，超过规定限额或规定期限，并且经发卡银行催收无效的透支行为。恶意透支是信用卡业务中的主要风险形式，属于信用卡诈骗的一部分。对发卡银行而言，它是最常见并且危害极大的风险。因此，正确分析信用卡恶意透支风险的成因，提出合理有效

的防范措施，对于减少发卡银行的损失，促进信用卡业务的健康发展具有重大意义。

2. 信用卡销户

信用卡销户是不打算继续使用情况下必须要做的，如果没有销户，银行会按年收取信用卡的年费。

信用卡销户时如果卡没有到期，有的银行规定需要到指定网点办理收卡业务，隔一定时间后（最长为 30 天）再来办理正式销户手续。这主要是因为持卡人在销户前如果做过刷卡交易，在销户时商户还未将刷卡单交至银行入账，持卡人就已经销户了，这样银行就无法正常清算；另一方面如果持卡人在境外消费或取现，有可能几天以后才能清算，如果立即做销户，也会影响银行的正常清算。

3. 信用卡挂失

由于信用卡丢失，持卡人应尽快就近到代办机构办理挂失手续。

例题1

信用卡销户时（　　）。

A. 单位卡账户余额转入基本存款账户

B. 单位卡账户余额也可由单位提取现金

C. 单位卡账户余额也可转入一般存款账户

D. 发卡银行应当收回信用卡，有效信用卡无法收回的，应当将其止付

答案：AD

【解析】信用卡销户时，单位卡账户余额一律转入基本存款账户，不得提取现金。

例题2

关于信用卡透支说法正确的有（　　）。

A. 金卡透支额最高不得超过 1 万元

B. 金卡透支额最高不得超过 5000 元

C. 普通卡透支额最高不得超过 1 万元

D. 普通卡透支额最高不得超过 5000 元

答案：AD

【解析】金卡透支额最高不得超过 1 万元，普通卡透支额最高不得超过 5000 元。

例题 3

关于信用卡的透支利息说法正确的有（　　）。

A. 透支期限在 15 日内，按日息万分之五计算

B. 透支期限超过 15 日，按日息万分之十计算

C. 透支期限超过 30 日，按日息万分之十五计算

D. 透支利息不分段计算

答案：ACD

【解析】透支期限超过 15 日未到 30 日的，按日息万分之十计算。

7.9　国际结算

国际结算是指国际间由于政治、经济、文化、外交、军事等方面的交往或联系而发生地以货币表示债权债务的清偿行为或资金转移行为。

国际结算可以促进国际贸易交易，服务国际经济文化交流，促进国际金融一体化，进而繁荣整个世界经济；同时还可为本国创收和积累外汇、引进外资、合理使用外汇、输出资金向外投资，起到巩固本国货币汇率，提高本国对外支付能力的作用。

7.9.1　了解什么是外汇

外汇是以外币表示的用于国际结算的支付凭证。

在一个国家，货币充当各种各样经济交易的媒介和一般等价物。由于各国都有独立的货币和货币制度，一国货币不可能在外国流通，因而对国际经济交易所带来的对外债权债务进行清偿时，人们就需要将外国货币兑换成本国货币，或将本国货币兑换成外国货币。

（1）外汇按形态分为两类，如图 7-33 所示。

- 动态意义上的外汇

动态意义上的外汇是指人们将一种货币兑换成另一种货币，清偿国际间债权债务关系的行为。

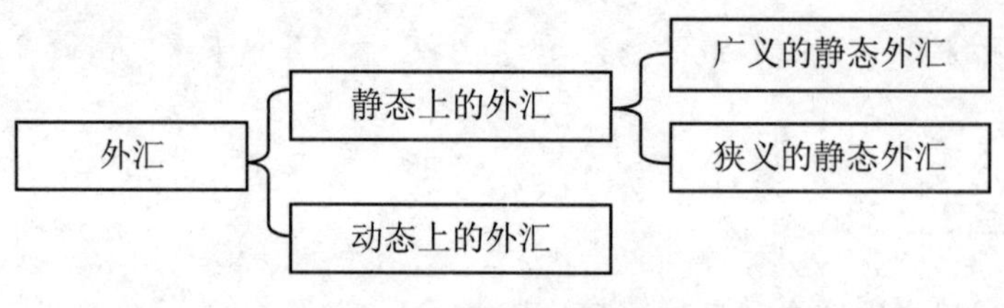

图 7-33　外汇按形态分类

- 广义的静态外汇

广义的静态外汇是指一切以外国货币表示的资产。

- 狭义的静态外汇

狭义的静态外汇是指在外汇银行存储外币表示的、可用于进行国与国之间结算的支付手段。

（2）外汇按是否可自由兑换分类，如图 7-34 所示。

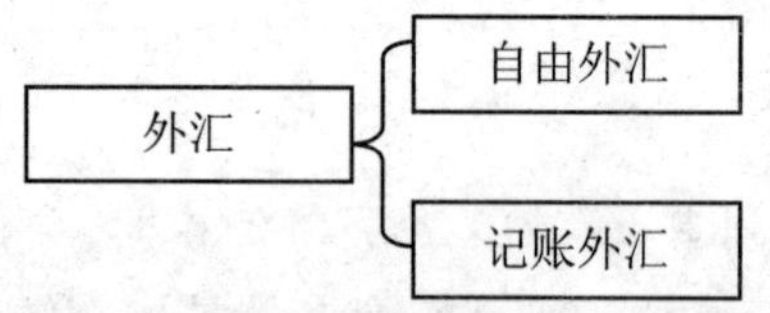

图 7-34　外汇按自由兑换分类

- 自由外汇

自由外汇是指无需货币发行国批准，可以随时动用，自由兑换为其他货币，或可以向第三者办理支付的外汇。自由外汇的货币的一个根本特征是可兑换货币。

- 记账外汇

记账外汇是指未经货币发行国批准，不能自由兑换成其他货币或对第三者进行支付的外汇。记账外汇只能根据两国政府间的清算协定，在双方银行开立专门账户记载使用。

7.9.2　即期汇率与远期汇率

按外汇买卖的交割期限划分，汇率分为即期汇率和远期汇率。交割是买卖双方执行交易契约，进行钱货两分清的授受行为。

1. 即期汇率

即期汇率是指在现汇交易中使用的汇率。当外汇买卖双方成交后，如果在两天之内就办理交割，一般都使用即期汇率。通常所说的电汇汇率、信汇汇率

等，均属即期汇率。银行通常会直接报出即期汇率。

2. 远期汇率

远期汇率是指在外汇远期交易中使用的汇率。远期汇率不像即期汇率一样仅受交易时期的市场状况影响，利率的变动、国际资本的动向乃至各国国内和国际政治经济形势的变化都可能左右它的动态。对于远期汇率的报价，各国银行的做法不一样。远期汇率的报价有两种方式，如图 7-35 所示。

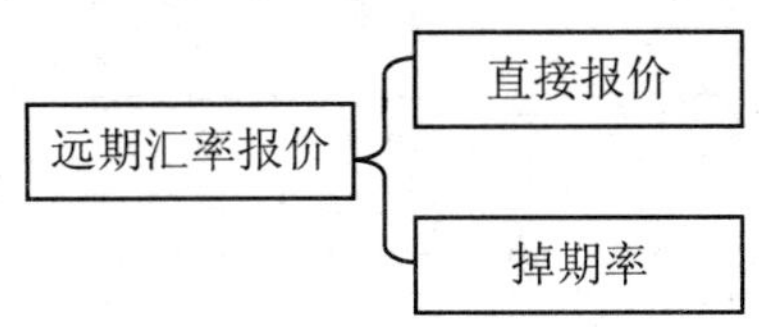

图 7-35　远期汇率报价方式

3. 直接报价

直接报价是指直接将各种不同交割期限的期汇的买入价与卖出价表示出来。这种方法通常用于银行对普通顾客的报价上。一般来说，期汇的买卖差价要大于现汇的买卖差价。

4. 掉期率

掉期率是指报出期汇汇率比现汇汇率高或低若干点。期汇率与现汇汇率之间存在着差价，这些差价称为掉期率。

7.9.3　了解什么是信用证结算

信用证是进口国际银行应进口商要求向出口商设立的，在一定条件下保证付款的一个书面保证文件。信用证是有条件的银行付款保证。

1. 信用证的作用

信用证成为当前国际贸易结算的主要方式。信用证是一项独立的保证文件，它虽源于贸易合同，但不依附于贸易合同。开证银行只对信用证负责，只要出口商提供的单据符合信用证的要求，即“单证一致”，银行就履行付款承诺。对货物的真伪好坏，合同条款的解释和合同的履行，银行不负任何责任，所以说信用证给予进口商的安全保险也是相对的。

2. 信用证业务的当事人

信用证结算方式的当事人主要有以下几个，如图 7-36 所示。

（1）开证申请人，即进口商。

（2）开证行，指接受开证申请人的委托，向出口商开立信用证的银行。

（3）避支行或转递行，指接受开证行的委托，将信用证通知或传递给出口商的银行。

（4）议付行，指凭信用证买入或贴现受益人交来的跟单汇票的银行。

（5）受益人，即出口商。

（6）付款行，指信用证上指定的付款银行，通常是开证行，也可以是另一家银行。

图 7-36　信用证结算的当事人

3. 信用证的内容

关于信用证的基本内容主要有以下几个方面，如图 7-37 所示。

图 7-37　信用证基本内容

7.9.4　了解国际金融机构

国际金融机构又称国际金融组织，是指世界多数国家的政府之间通过签署

国际条约或协定而建立的、从事国际金融业务、协调国际金融关系、维系国际货币和信用体系正常运作的超国家金融机构。国际金融机构有三种类型，如图 7-38 所示。

（1）区域性的，如欧洲投资银行。

（2）全球性的，如国际货币基金组织。

（3）半区域性的，如亚洲开发银行。

图 7-38 国际金融机构类型

1. 国际货币基金组织

建立国际货币基金组织的宗旨在于建立一个持久性的货币机构，促进国际货币合作，其根本任务是为通过对会员国提供短期信用来减缓会员国由于国际收支危机而引起的货币贬值的竞争与外汇管制的加强，以维持汇率的安稳，促进国际贸易的发展，使就业水平与国民收入有所提高。

基金组织所经营的主要业务就是发放贷款，但与商业银行贷款有所不同，其特点如图 7-39 所示。

（1）发放贷款的对象限于会员国政府，对私人企业，组织概不借款。

（2）发放贷款的收入用于弥补经常项目收支和国际收支的不平衡。

（3）贷款的规模与会员国在国际货币基金缴纳的份额成正比例。

图 7-39 国际货币基金组织特点

国际货币基金组织的建立和发展对于加强国际货币合作、促进汇率稳定、促进会员国国际收支的调整和对世界经济的发展起了很大作用。

2. 世界银行集团

世界银行的主要任务是发放贷款，对会员国提供长期资金，促进各国经济的复苏与发展，并协助发展中国家的经济发展与资源开发。

世界银行的主要业务是以其实收资本、公积金和准备金，或以其在其会员国金融市场筹措的资金，和其他金融机构一起联合对外发放贷款，或自行发放贷款，同时也承担对私人投资，贷款给予一部分或全部保证的业务。

世界银行集团有两个附属机构：国际开发协会和国际金融公司。国际开发协会宗旨是帮助世界上欠发达地区的会员国提供条件较宽、期限较长，负担较轻并可用部分本国货币偿还的贷款资金，以解决他们在重要发展方面的需要。国际金融公司宗旨是对发展中会员国私人企业的新建、改建和扩建提供贷款，促进发展中国家中私营经济的提高和国内资本市场的发展。

3. 国际清算银行

国际清算银行是世界上第一家国际金融机构。它的宗旨是在于促进各国中央银行的合作，为国际金融活动提供更多的便利，在国际金融清算中充当受托人或代理人。

7.9.5 国际汇款如何处理

汇款是付款人通过银行使用各种支付工具，将款项交收款人的结算方式。根据支付工具的不同，汇款分三种，如图 7-40 所示。

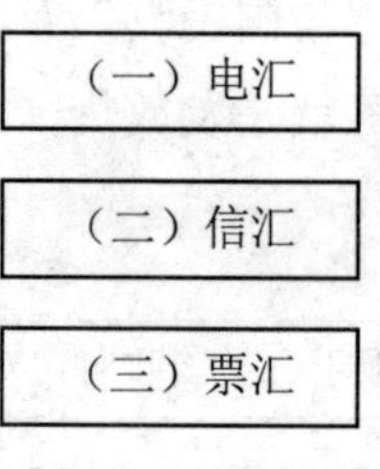

图 7-40 汇款的方式

1. 电汇

电汇是汇出行应汇款人委托，拍发加押电报或电传通知国外汇入行，指示支付一定金额汇款。在国际贸易结算中，进口商为了支付货款，把款项交付汇出行，并在电汇申请书上填写收款人和汇款人的姓名地址及汇款金额等。汇出行将汇款内容用电报或电传方式通知汇入行解付，并立即用航空函件发出电报证实书，以备汇入行查对。汇入行检查加密押正确后，即用电报通知出口商取款，出口商取款后开立收据，然后汇入行告知汇出行已解付款项，并由汇入行贷记汇出行账户，或由汇出行借记汇入行账户。

2. 信汇

信汇的程序与电汇基本相同，不同点有两方面：

（1）除非款项巨额，付款委托书一般不加密押，而是汇出行的有权签字

者在上面签字，汇入行对照印鉴来检查其真实性。

（2）不用电报电传，由银行先邮寄出付款委托书，一式两份，通知汇入行解付。

3．票汇

票汇是指汇出行应汇款人的申请，代汇款人开立以其国外往来行作为付款人的银行即期汇票，由汇款人自行寄给收款人，或自己携带出国凭票取款的一种汇款方式。

7.9.6　对外贸易结算方式

对外贸易是国与国之间的商品交换。货物进出口需要有一定的运转过程和交接手续，存在着一定的风险，同时，贸易双方所在国在法律规定、金融管理、货币制度和外汇管理等方面情况各异，加之，国际金融货币市场动荡不定，汇率的变化和利息的高低，对买卖双方的利益又都有较大的影响。为保证交易的顺利进行和货款的安全收付，买卖双方通常对货款支付和结算有关的问题，特别是支付方式和支付工具等问题，都事先作出具体规定。

办理进出口贸易货款支付和清算所采用的办法与手段，通常有两种，如图 7-41 所示。

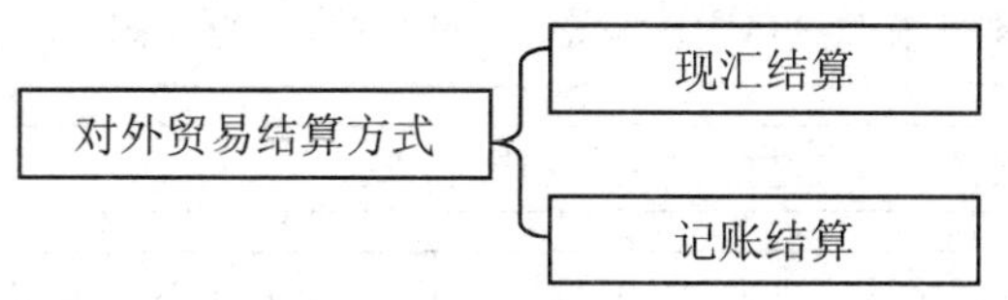

图 7-41　对外贸易结算方式

1．现汇结算

由进出口双方通过银行汇兑，每笔交易单独结清。在国际贸易中，现汇结算通常采用的支付方式有两种：

①属于商业信用的，包括汇付、托收方式。

②属于银行信用的，包括信用证和银行保证书等方式。

此外，还有政府信用和国际组织提供的信用等。其中使用最多的是以“凭单付款”为基础的信用证支付方式。中国在对外贸易活动中，一般也多采用这种方式，有时结合交易对象、购销商品和市场习惯等不同情况，也适当灵活运用托收和汇付等其他方式。现汇结算使用的货币，一般根据不同商品、价格、支付条件和国际金融市场以及货币变动趋势等灵活运用，在每笔交易磋商时由双方议定，并在交易合同上注明。

2. 记账结算

根据两国政府间签订的贸易支付协定，由双方国家银行或其他指定的银行相互开立“清算账户”进行的结算。记账结算使用的货币，根据不同情况，或使用对方国家货币，或使用第三国货币。这种账户有计算利息的，也有不计算利息的；有定期进行结算的，也有为保证贸易顺差一方的利益，规定在协定执行中双方账户所能保有的最高差额，即信用摆动额，当超过时，超额部分即需计收利息，或以可兑换货币或商品进行偿付。偿付的办法可以是经一方提出要求立即偿付，也可以经双方商定，分期或延期偿付。

7.9.7 如何申办外汇借款

企业要获得外汇借款，必须具备以下几个条件，如图 7-42 所示。

（1）借款人是法人。借款单位需要经工商行政管理部门依法登记注册、有营业执照。具有法人资格，银行不向个体工商户发放外汇贷款。

（2）国内配套要落实。一般来说，进口了国外设备，还需要有厂房，有关辅助设备、原材料等国内人力物力的配合，才能够正常运转形成生产能力。所以，利用外汇货款进口国外设备的项目，必须先落实国内的配套措施。

（3）贷款项目必须经过批准并纳入计划。

（4）还款确有保证。外汇贷款必须以外汇偿还，因此借款单位必须有可靠的外汇来源和暗器还本付息的能力，并提出有根据的还款计划。

（5）使用贷款项目的经济效益必须良好。贷款项目符合花钱少、收益大、创汇高、还款快四项要求。

图 7-42 申办外汇借款的条件

具备了以上五个条件，就可以有把握向银行申请外汇贷款。

7.9.8 外汇担保

外汇担保是指境内机构以自有外汇资金向境外债权人或境内的外资银行、中外合资银行或外资、中外合资非银行金融机构承诺，当债务人未按合同规定偿付外汇债务时，由担保人用外国货币履行偿付义务的保证。

1. 外汇担保相关银行业务的办理

当前，很多银行都开展了各种与外汇担保相关的业务。每个银行对于此类业务的规定是有细微差异的，因此，客户在办理这些业务时，应咨询具体的银行。这里仅对银行对于外汇担保相关业务的规定，大概总结如下：

（1）客户申请。

客户向银行提出申请，填写担保业务申请书，并按银行提出的条件和要求提供下列资料，如图 7-43 所示。

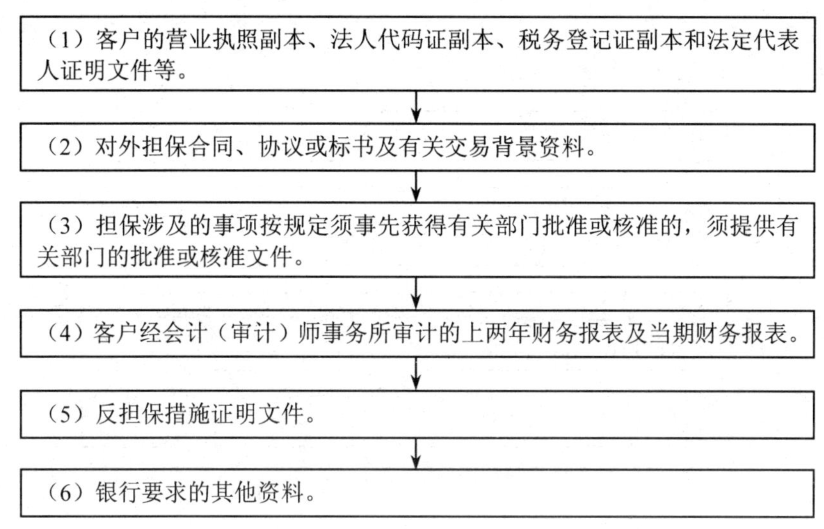

图 7-43　客户申请资料

（2）银行调查。

银行收到申请和有关资料后，对申请人的合法性、财务状况的真实性、交易背景的真实性等进行调查，了解借款人的履约、偿付能力，向申请人做出正式答复。

（3）协议签订。

银行同意开立保函后，与申请人签订开立担保协议，约定担保种类、用途、金额、费率、担保有效期、付款条件、双方的权利、义务、违约责任和双方认为需要约定的其他事项。对于需提供反担保的，还应按银行要求办理反担保手续。

7.9.9 国际信贷

国际信贷是一国的银行、其他金融机构、政府、公司企业以及国际金融机构，在国际金融市场上，向另一国的银行、其他金融机构、政府、公司企业以及国际机构提供的贷款。

国际信贷反映了国家之间借贷资本的活动，是国际经济活动的一个重要方面。国际信贷的发展和变化是世界经济的客观状况和发展的必然趋势。国际信贷促进了国际经济、贸易的发展，缓解了资金短缺的问题，推动了生产国际化和经济全球化。

1. 国际信贷的发展

国际信贷的发展和变化是世界经济的客观状况和发展的必然趋势，具体表现在以下几个方面，如图 7-44 所示。

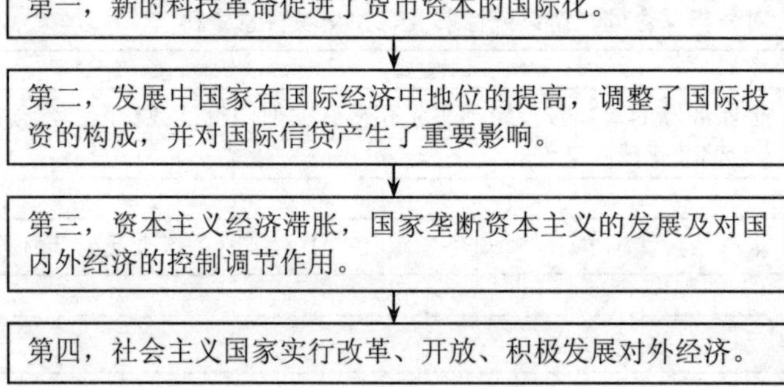

第一，新的科技革命促进了货币资本的国际化。
第二，发展中国家在国际经济中地位的提高，调整了国际投资的构成，并对国际信贷产生了重要影响。
第三，资本主义经济滞胀，国家垄断资本主义的发展及对国内外经济的控制调节作用。
第四，社会主义国家实行改革、开放、积极发展对外经济。

图 7-44　国际信贷的表现内容

2. 国际信贷种类

国际信贷种类较多，主要有以下几种分类方法，如图 7-45 所示。

（1）按贷款的期限分类，可分为短期贷款（不超过 1 年）、中期贷款（1 年以上，一般 2～5 年）、长期贷款（5 年以上，10 年，20 年甚至更长）。

（2）按贷款的利率分类，可分为无息贷款、低息贷款、中息贷款和高息贷款。

（3）按贷款使用的货币和优惠情况分类，可分为硬贷款和软贷款。

（4）按借款和还款的方法分类，可分为统借统还贷款、统借自还贷款和自借自还贷款等。

（5）按贷款的来源和性质分类，可分为政府贷款、国际金融组织贷款、国际银行贷款、私人银行贷款、联合（混合）贷款等。

图 7-45　国际信贷种类

7.10　小结

本章对支票、本票、汇票、汇兑、承付、信用卡的方方面面做了全面的介绍，包括具体操作步骤，还有怎样去办理的流程，非常全面，按照图中的步骤完全可以理解，对于没有经验的出纳人员非常适用。

关于出纳的基础知识，重要的部分书中讲得非常细致。出纳除了和银行打交道外，和税务部门打交道也是难免的。在本书的最后一部分，向大家说说税务方面的内容。

第三篇

出纳税务知识

纳税工作中经常出现的实务问题，力求突出中小企业会计人员应具备的出纳和纳税知识及操作技能，内容翔实、具体，可以作为中小企业会计人员的工作用书，对于普通读者轻松系统地掌握出纳和纳税知识也非常有益。

第 8 章

“学海无涯”——企业纳税概述

对于一个从事财务管理工作的人来说，“税”无时无刻不在身边，纳税管理是企业经营管理的重要组成部分。可是有时最熟悉的东西又可能是最陌生的，这句话是不无道理的，“税”对于一个财务工作者是至关重要的。

8.1 税务的定义

税是指政府为了提供公共服务及公共财务，依照法律规定，对个人或民间企业（法人）无偿征收货币或资源的总称。

税制即指税收制度，由纳税人、课税对象、税目、税率、纳税环节、纳税期限、计税依据、减免税和违章处理等要素构成。依税法缴纳的金额称为税金。依据不同课税对象、或是不同法律授权、或是不同纳税人可划分为不同的种类，称为税种或税目。政府依法对民间收取税收的行为称为课税，个人或企业向政府缴纳税金的行为称为纳税。政府要求纳税人在缴税期限后缴足应纳税金称为补税，政府退还溢收税金称为退税。

8.2 纳税人的权利

纳税人在税收法律关系中享有一定的权利，而且这些权利贯彻在纳税人履行纳税义务的始终，纳税人在税收法律关系中也是权利主体。

纳税人的权利指纳税人在履行纳税义务的过程中，根据法律行政法规的规定所享有的作为或不作为的许可。例如，纳税人享有某项权利，则可要求税务机关作出或不做出一定行为，在必要时还可以请求法院协助实现其权益。

纳税人是中国税收法律关系的主体，是国家财政的主要承担者。中国税收法治的进展是否良好，国家财政收支的运行是否稳健，与纳税人的权利是否获得有效的保护，义务是否得到切实的履行，有着密不可分的联系。长期以来，中国对纳税人问题的研究，往往局限于纳税人的税收负担和履行纳税义务等方面，忽视了对纳税人权利的研究，以致在税收实践中形成了根深蒂固的“纳税人只有纳税义务”的税收观念，严重地制约了中国依法治税的进程。在纳税过程中分为三个阶段，如图 8-1 所示。

税前权利

税中权利

税后权利

图 8-1　纳税三阶段

1. 税前权利

税前权利指纳税人在取得税务登记证成为正式纳税人后，到缴纳税款之前应享有的权利，具体内容如图 8-2 所示。

（1）财会设置权，纳税人有权选用适合自身情况的财务会计处理方法，而且纳税人在按规定填写《税务登记表》，提供相关资料后，有权要求税务机关在 15 日内发放税务登记证。

（2）纳税人有权通过一些可以得到的便利渠道，从纳税主体的角度出发，对现行税制规定、征管执行方式、税收服务体系等涉及征纳双方的税务事宜，向有关职能部门提出合理化建议。

（3）知情权。纳税人自办理税务登记开始，即成为税务机关的服务对象，有权得到相应的纳税指导，包括与自身生产经营范围和性质有关的税法规定、具体税种、税率、税务会计处理、税收处罚等，为正确纳税做好必要的准备。

图 8-2　税前享有权利

2. 税中权利

缴纳税款是整个纳税活动的中心环节，涉及税款计算、征纳行为、税法处罚等具体的事项。纳税人在法律许可的范围内，应正确使用应有的权利，以保护合法、正当的权益。税中权利具体内容如图 8-3 所示。

（1）延期申报或缴款。纳税人因特殊困难不能按照税法规定办理纳税申报或按期缴纳税款，需要延期的，可以提出申请，经税务机关核实批准，可延期申报或缴款。

（2）委托代理权。纳税人出于某种需要，可以委托规范的税务代理机构依法代办税务事项。

（3）申请减免权。符合条件的纳税人在法律、行政法规规定的范围内，可向税务机关书面申请减税或免税。

（4）申辩权。对税务机关作出的处理、处罚决定有异议者，可就有关事实、理由进行陈述申辩。

（5）拒绝合作权。税务机关检查人员在进行税务检查或处罚时，必须着装上岗或向当事人出示《税务检查证》；采取强制执行措施或税收保全措施时，必须开具收据或开列清单。否则，纳税人有权拒绝合作。纳税完毕后，纳税人有权索取完税凭证。

（6）申请听证权。当税务机关就纳税人行为作出的处理意见，可能影响到纳税人正当权益时，纳税人有权事先得知处理事项并提出听证申请。

图 8-3　税中权利内容

3．税后权利

缴税完毕并不意味着纳税活动的结束，纳税人履行纳税义务后，有权监督税务征管行为。税后权利具体内容如图 8-4 所示。

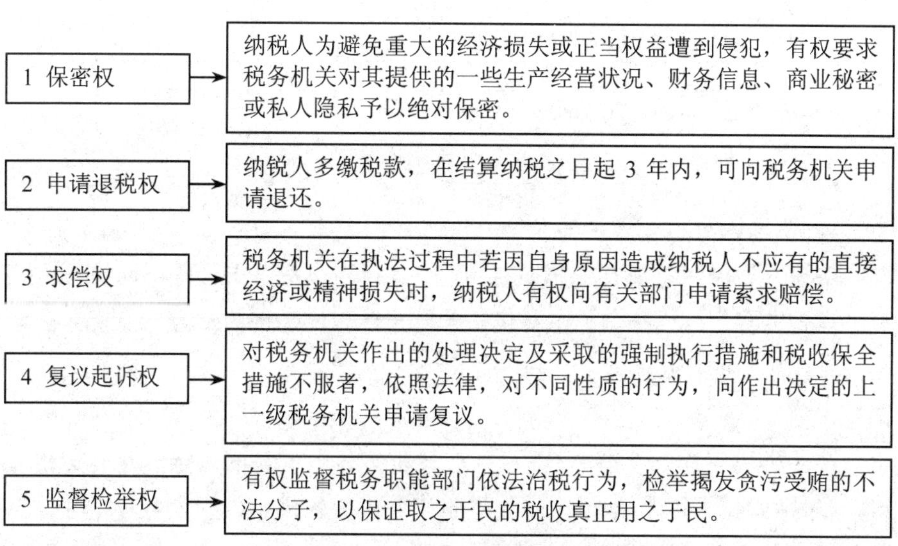

1 保密权
纳税人为避免重大的经济损失或正当权益遭到侵犯，有权要求税务机关对其提供的一些生产经营状况、财务信息、商业秘密或私人隐私予以绝对保密。
2 申请退税权
纳锐人多缴税款，在结算纳税之日起 3 年内，可向税务机关申请退还。
3 求偿权
税务机关在执法过程中若因自身原因造成纳税人不应有的直接经济或精神损失时，纳税人有权向有关部门申请索求赔偿。
4 复议起诉权
对税务机关作出的处理决定及采取的强制执行措施和税收保全措施不服者，依照法律，对不同性质的行为，向作出决定的上一级税务机关申请复议。
5 监督检举权
有权监督税务职能部门依法治税行为，检举揭发贪污受贿的不法分子，以保证取之于民的税收真正用之于民。

图 8-4　税后权利内容

8.3 纳税人的义务

根据《中华人民共和国税收征收管理法》及其实施细则和相关税收法律、行政法规的规定，依照宪法、税收法律和行政法规的规定，纳税人在纳税过程中负有以下义务，如图 8-5 所示。

（1）依法进行税务登记的义务。

（2）依法设置账簿、保管账簿和有关资料以及依法开具、使用、取得和保管发票的义务。

（3）财务会计制度和会计核算软件备案的义务。

（4）按照规定安装、使用税控装置的义务。

（5）按时、如实申报的义务。

（6）按时缴纳税款的义务。

（7）代扣、代收税款的义务。

（8）接受依法检查的义务。

（9）及时提供信息的义务。

（10）报告其他涉税信息的义务。

图 8-5　纳税人义务

1. 依法进行税务登记的义务

纳税人应当自领取营业执照之日起 30 日内，持有关证件，向税务机关申报办理税务登记。税务登记主要包括领取营业执照后的设立登记、税务登记内容发生变化后的变更登记、依法申请停业、复业登记、依法终止纳税义务的注销登记等。

在各类税务登记管理中，纳税人应该根据税务机关的规定分别提交相关资料，及时办理。同时，纳税人应当按照税务机关的规定使用税务登记证件。税务登记证件不得转借、涂改、损毁、买卖或者伪造。

2. 依法设置账簿、保管账簿和有关资料以及依法开具、使用、取得和保管发票的义务

纳税人应当按照有关法律、行政法规和国务院财政、税务主管部门的规定设置账簿，根据合法、有效凭证记账，进行核算；从事生产、经营的，必须按照国务院财政、税务主管部门规定的保管期限保管账簿、记账凭证、完税凭证及其他有关资料；账簿、记账凭证、完税凭证及其他有关资料不得伪造、变造或者擅自损毁。

此外，纳税人在购销商品、提供或者接受经营服务以及从事其他经营活动中，应当依法开具、使用、取得和保管发票。

3. 财务会计制度和会计核算软件备案的义务

纳税人的财务、会计制度或者财务、会计处理办法和会计核算软件，应当报送税务机关备案。纳税人的财务、会计制度或者财务、会计处理办法与国务院或者国务院财政、税务主管部门有关税收的规定抵触的，应依照国务院或者国务院财政、税务主管部门有关税收的规定计算应纳税款、代扣代缴和代收代缴税款。

4. 按照规定安装、使用税控装置的义务

国家根据税收征收管理的需要，积极推广使用税控装置。纳税人应当按照规定安装、使用税控装置，不得损毁或者擅自改动税控装置。如纳税人未按规定安装、使用税控装置，或者损毁或者擅自改动税控装置的，税务机关将责令您限期改正，并可根据情节轻重处以规定数额内的罚款。

5. 按时、如实申报的义务

纳税人必须依照法律、行政法规规定或者税务机关依照法律、行政法规的规定确定的申报期限、申报内容如实办理纳税申报，报送纳税申报表、财务会计报表以及税务机关根据实际需要要求纳税人报送的其他纳税资料。

作为扣缴义务人，纳税人必须依照法律、行政法规规定或者税务机关依照法律、行政法规的规定确定的申报期限、申报内容如实报送代扣代缴、代收代缴税款报告表以及税务机关根据实际需要要求纳税人报送的其他有关资料。

纳税人即使在纳税期内没有应纳税款，也应当按照规定办理纳税申报。享受减税、免税待遇的，在减税、免税期间应当按照规定办理纳税申报。

6. 按时缴纳税款的义务

纳税人应当按照法律、行政法规规定或者税务机关依照法律、行政法规的规定确定的期限，缴纳或者解缴税款。

未按照规定期限缴纳税款或者未按照规定期限解缴税款的，税务机关除责令限期缴纳外，从滞纳税款之日起，按日加收滞纳税款万分之五的滞纳金。

7. 代扣、代收税款的义务

如纳税人按照法律、行政法规规定负有代扣代缴、代收代缴税款义务，必须依照法律、行政法规的规定履行代扣、代收税款的义务。纳税人依法履行代扣、代收税款义务时，纳税人不得拒绝。纳税人拒绝的，纳税人应当及时报告税务机关处理。

8. 接受依法检查的义务

纳税人有接受税务机关依法进行税务检查的义务，应主动配合税务机关按法定程序进行的税务检查，如实地向税务机关反映自己的生产经营情况和执行财务制度的情况，并按有关规定提供报表和资料，不得隐瞒和弄虚作假，不能阻挠、刁难税务机关的检查和监督。

9. 及时提供信息的义务

纳税人除通过税务登记和纳税申报向税务机关提供与纳税有关的信息外，还应及时提供其他信息。如纳税人有歇业、经营情况变化、遭受各种灾害等特殊情况的，应及时向税务机关说明，以便税务机关依法妥善处理。

10. 报告其他涉税信息的义务

为了保障国家税收能够及时、足额征收入库，税收法律还规定了纳税人有义务向税务机关报告如下涉税信息，如图 8-6 所示。

（1）纳税人有义务就纳税人与关联企业之间的业务往来，向当地税务机关提供有关的价格、费用标准等资料。纳税人有欠税情形而以财产设定抵押、质押的，应当向抵押权人、质权人说明欠税情况。

（2）企业合并、分立的报告义务。纳税人有合并、分立情形的，应当向税务机关报告，并依法缴清税款。合并时未缴清税款的，应当由合并后的纳税人继续履行未履行的纳税义务；分立时未缴清税款的，分立后的纳税人对未履行的纳税义务应当承担连带责任。

（3）报告全部账号的义务。如纳税人从事生产、经营，应当按照国家有关规定，持税务登记证件，在银行或者其他金融机构开立基本存款账户和其他存款账户，并自开立基本存款账户或者其他存款账户之日起 15 日内，向纳税人的主管税务机关书面报告全部账号。

（4）处分大额财产报告的义务，如纳税人的欠缴税款数额在 5 万元以上，纳税人在处分不动产或者大额资产之前，应当向税务机关报告。

图 8-6 涉税信息

8.4　纳税流程

企业依法纳税，是我国税收法规的法律规定。企业依法纳税的过程不仅体现在正确核算应税数额，及时将税款解缴入库的环节，而且贯穿了从税务登记到发生纳税争议并处理的整个过程。

企业依法履行纳税义务，并维护自己的合法权益是每个财务工作者所应当非常熟悉的。根据我国税收征管的有关法律、法规、规章的规定，企业依法纳税程序分为几个步骤，下面来详细讲述。

8.4.1　纳税登记

纳税登记是指税务机关根据税法规定对纳税人的生产经营活动进行登记管理的一项基本制度。对企业而言，通过纳税登记可以确认征、纳双方的权利和义务的关系，也可将领取的税务登记证作为税务许可证和权利证明书。办理纳税登记是纳税人必须履行的一个法定程序，分为几个步骤，如图 8-7 所示。

（1）办理开业登记的时间。

（2）办理开业登记的地点。

（3）办理开业登记的程序。

图 8-7　纳税登记的步骤

1. 办理开业登记的时间

从事生产、经营的纳税人应当自领取营业执照之日起 30 日内主动依法向国家税务机关申报办理登记。

2. 办理开业登记的地点

纳税企业向当地主管国家税务机关申报办理纳税登记。纳税企业跨县区设立的分支机构和从事生产经营的场所，除总机构向当地主管国家税务机关申报办理税务登记外，分支机构还应当向其所在地主管国家税务机关申报办理纳税登记。

3. 办理开业登记的程序

办理开业登记的程序如下：

（1）纳税人提出书面申请报告，并提供有关证件资料。

（2）填报税务登记表。

纳税人领取登记表或注册登记表后，按照规定的内容逐项填写，并加盖企业印章，经法定代表人签字后将税务登记表报送主管国家税务机关。纳税人填写的税务登记表的主要内容有几个方面，如图 8-8 所示。

图 8-8　开业登记内容

（3）领取税务登记证件。

纳税人报送的税务登记表和提供的有关证件、资料，经主管国家税务机关审核后，报有关国家税务机关批准予以登记的，应当按照规定的期限到主管国家税务机关领取税务登记证及其副本，并按规定缴付工本管理费。

4. 注意事项

（1）纳税人改变名称、法定代表人或者业主姓名、经济类型、经济性质、住所或者经营地点、生产经营范围、经营方式、开户银行及账号等内容，应当自工商行政管理机关办理变更登记之日起 30 日内持有关证件（营业执照、变

更登记的有关证明文件、国家税务机关发放的原税务登记证件、税务登记表等)、其他有关证件，向原主管国家税务机关提出变更登记书面申请报告。

（2）纳税人办理变更登记时，应当向主管国家税务机关领变更登记表，一式三份，按照表式内容逐项填写，加盖企业或业主印章后，于领取变更税务登记表之日起 10 日内报送主管国家税务机关。经批准后，在规定的期限内领取税务登记证及有关证件，并按规定缴付工本管理费。

（3）纳税人领取税务登记证后，应当在其生产、经营场所内明显易见的地方张挂，亮证经营。外出经营的纳税人必须持有所在地税务机关填发的《外出经营活动税收管理证明》、税务登记证副本，向经营地国家税务机关报验登记，接受税务管理。

（4）税务登记证件只限纳税人自己使用，不得转借、涂改、损毁、买卖或者伪造。

（5）纳税人要妥善保管税务登记证件，如有遗失，应当在登报声明作废的同时，及时书面报告主管税务机关，经税务机关审查处理，可申请补发新证。

（6）纳税人应根据税务机关验证或者换证通知，在规定的期限内，持有关证件到主管税务机关申请办理验证或者换证手续。

（7）纳税人未按照规定申报办理开业税务登记、变更或者注销税务登记，以及未按规定申报办理税务登记验证、换证的，应当依照主管税务机关通知按期改正。逾期不改的，由税务机关处以 2000 元以下的罚款，情节严重的处以 2000 元～10 万元罚款。

8.4.2　账证管理

根据《税收征管法》规定，从事生产、经营的纳税人应当自领取营业执照之日起 15 日内设置账簿；扣缴义务人应当自税收法律、行政法规规定的扣缴义务发生之日起 10 日内，按照所代扣、代收的税种设置代扣代缴、代收代缴税款账簿。同时，从事生产、经营的纳税人应当自领取税务登记证件之日起 15 日内，将其财务、会计制度报送税务机关备案。

1. 账簿的登记

纳税人、扣缴义务人必须根据合法有效的凭证进行记账核算。

纳税人、扣缴义务人应当按照报送主管税务机关备案的财务、会计制度或财务、会计处理办法，真实地逐笔记账核算。

2. 账簿管理

账簿作为公司重要的经济业务记录，是进行财务、税务检查和审计检查的重要资料，应当按照我国有关法律规定的账簿保管期限认真加以保管。其中，日记账、明细账、总账和辅助账簿的保管期限是 15 年，现金和银行存款日记账的保管期限是 25 年，涉外和其他重要的会计账簿要予以永久保存。

3. 税收证明管理

纳税人到外地从事生产、经营、提供劳务的，应当向机构所在地主管税务机关提出书面申请报告，写明外出经营理由，外销商品的名称、数量、所需要的时间，并提供税务登记证或副本，由主管税务机关审查核准后签发《外出经营活动税收管理证明》，申请人应当按规定提供纳税担保或缴纳相当于应纳税额的纳税保证金。纳税人到外地从事生产、经营活动，必须持《外出经营活动税收管理证明》，向经营地税务机关报验登记，接受税务管理，外出经营活动结束后，应按规定的缴销期限，到主管税务机关缴销《外出经营活动税收管理证明》，办理退款手续。

8.4.3 纳税申报

纳税申报是纳税程序的中心环节。纳税申报是指纳税人在发生纳税义务后，按税务机关规定的内容和期限，向主管税务机关以书面报表的形式申明有关纳税事项及应税款所履行的法定手续。纳税申报不仅是征纳双方核定应纳税额、开具纳税凭证的主要依据，也是税务机关研究经济信息，加强税源管理的重要手段。纳税申报分几个步骤，如图 8-9 所示。

（1）纳税申报的对象。

（2）纳税申报的内容。

（3）纳税申报的期限。

（4）纳税申报的形式。

图 8-9　纳税申报步骤

1. 纳税申报的对象

纳税申报的对象分三种，如图 8-10 所示。

（1）应当正常履行纳税义务的纳税人。

（2）应当履行扣缴税款义务的扣缴义务人。

（3）享受减税、免税待遇的纳税人。

图 8-10　纳税申报对象的类型

（1）应当正常履行纳税义务的纳税人。

在正常情况下，纳税人必须在税收法律和行政法规规定的或者税务机关依照税收法律和行政法规规定的申报期限内，向主管税务机关办理纳税申报手续，填报纳税申报表。

（2）应当履行扣缴税款义务的扣缴义务人。

扣缴义务人必须在税收法律和行政法规规定的或者税务机关依照税收法律和行政法规规定的申报期限内，向主管税务机关办理代扣代缴、代收代缴申报手续，报送代扣代缴、代收代缴税款报告表。

（3）享受减税、免税待遇的纳税人。

纳税人享受减税、免税待遇的，在减税、免税期间也应按照规定办理纳税申报手续，填报纳税申报表，以便于进行减免税的统计和管理。

2. 纳税申报的内容

纳税申报的内容分为两项，如图 8-11 所示。

（1）纳税申报表或者代扣代缴、代收代缴税款报告表。

（2）与纳税申报有关的资料或者证件。

图 8-11　纳税申报的内容

（1）纳税申报表或者代扣代缴、代收代缴税款报告表。

纳税人和扣缴义务人在填报纳税申报表或者代扣代缴、代收代缴税款报告时，应将税种、税目、应纳税项目或应代扣代缴、代收代缴税款项目、适用税率或单位税额、计税依据、扣除项目及标准、应纳税额或应代扣代缴、代收代缴税额、税款所属期限等内容逐项填写清楚。

（2）与纳税申报有关的资料或者证件。

纳税人还应根据不同情况相应报送下列有关资料、证件，如图 8-12 所示。

(1) 材料报表及说明材料。

(2) 与纳税有关的合同、协议书。

(3) 外出进行经营活动税收管理证明。

(4) 境内或境外公证机构出具的有关证明文件。

(5) 税务机关规定应当报送的其他相关资料。

图 8-12 纳税申报资料

3. 纳税申报的期限

在发生纳税义务后，纳税人、扣缴义务人、代征人必须按照法律规定或者税务机关依法规定的申报期限，到税务机关办理纳税申报。

(1) 各税种的申报期限：因各税种情况不同及税务机关的工作安排，各税种的申报期限也有所不同。

(2) 申报期限的顺延：纳税人办理纳税申报的期限最后一日，如遇公休、节假日的，可以顺延。

(3) 延期办理纳税申报：纳税人、扣缴义务人、代征人按照规定的期限办理纳税申报或者报送代扣代缴、代收代缴税额报告表确有困难，需要延期的，应当在规定的申报期限内向主管税务机关提出书面延期申请，经主管税务机关核准，在核准的期限内办理。

(4) 纳税人、扣缴义务人、代征人因不可抗力情形，不能按期办理纳税申报或者报送代扣代缴、代收代缴税额，或委托代征税额报告的，可以延期办理，但是在不可抗力情形消除后应立即向主管税务机关报告。

4. 纳税申报的形式

纳税申报的形式主要有两种，如图 8-13 所示。

(1) 上门申报。

(2) 邮寄申报。

图 8-13 纳税申报形式

（1）上门申报。

纳税人、扣缴义务人、代征人应当在纳税申报期限内到主管税务机关办理纳税申报代扣代缴、代收代缴税额或委托代征税额报告。

（2）邮寄申报。

纳税人到主管税务机关办理纳税申报有困难的，经主管税务机关批准，也可以采取邮寄申报，以邮出地的邮戳日期为实际申报日期。

8.4.4 税款缴纳

纳税人在纳税申报后，应按照法定的方式、期限将应纳税款解缴入库，这是纳税人完全履行纳税义务的标志。纳税人在缴纳税额时应注意掌握如下内容，如图 8-14 所示。

（1）税款缴纳方式。

（2）纳税期限与延期纳税。

（3）税款补缴与退还。

图 8-14　税款缴纳掌握内容

1. 税款缴纳方式

税款缴纳的方式分为四种，如图 8-15 所示。

（1）自核自缴方式。

（2）申报核实缴纳方式。

（3）申报查验缴纳方式。

（4）定额申报的缴纳方式。

图 8-15　税款缴纳方式

（1）自核自缴方式。

生产规模较大，财务制度健全，会计核算准确，一贯依法纳税的企业，经主管税务机关批准，企业依照税法规定，自行计算应纳税额，自行填写纳税申报表，自行填写税收缴款书，到开户银行解缴应纳税款，并按规定向主管税务机关办理纳税申报并报送纳税资料和财务会计报表。

（2）申报核实缴纳方式。

生产经营正常，财务制度基本健全，账册、凭证完整，会计核算较准确的企业，依照税法规定计算应纳税款，自行填写纳税申报表，按照规定向主管税务机关办理纳税申报，并报送纳税资料和财务会计报表。经主管税务机关审核，并填开税收缴款书，纳税人按规定期限到开户银行缴纳税款。

（3）申报查验缴纳方式。

对于财务制度不够健全，账簿凭证不完备的固定业户，应当如实向主管税务机关办理纳税申报并提供其生产能力、原材料、能源消耗情况及生产经营情况等，经主管税务机关审查测定或实地查验后，填开税收缴款书或者完税证，纳税人按规定期限到开户银行或者税务机关缴纳税款。

（4）定额申报的缴纳方式。

对于生产规模较小，确无建账能力或者账目不健全，不能提供准确纳税资料的固定业户，按照税务机关核定的所得额和征收率，按规定期限向主管税务机关申报缴纳税款。

2. 纳税期限与延期纳税

纳税人的纳税期限，如果税法有明确规定的，按税法的规定执行，如增值税、所得税等；如税法未明确规定，按主管税务机关规定的期限缴纳税款。

如果因为纳税人有特殊困难，不能按期缴纳税款，可向主管税务机关申请延期缴纳税款，但最长不得超过 3 个月。

纳税人申请延期缴纳税款必须在规定的纳税期限之前向主管税务机关提出书面申请，领取延期纳税审批表，说明原因，经主管税务局核准后在批准的延期内缴纳税款，未经核准的，仍应在规定的纳税期限内缴纳税款。

3. 税款补缴与退还

由于纳税人、扣缴义务人计算错误等失误，未缴或者少缴税款数额在 10 万元以内的，自税款所属期起 3 年内发现的，应当立即向主管税务机关补缴税款。数额在 10 万元以上的，自税款所属期起在 10 年内发现的，应当立即向主管税务机关补缴税款。

因税务机关责任致使纳税人、扣缴义务人未缴或者少缴税款，自税款所属期起 3 年内发现的，应当立即向主管税务机关补缴税款，但不缴滞纳金。

纳税人超过应纳税额向国家税务机关缴纳的税款，自结算缴纳税款之日起

3 年内发现的，可以向主管税务机关提出退还税款书面申请报告，经税务机关核实后，予以退还。

纳税人享受出口退税及其他退税优惠政策的，应当按照规定向主管税务机关申请办理退税。

8.4.5 纳税担保

纳税担保是纳税人为了保证履行纳税义务，以货币或实物等形式向税务机关所做的税款抵押。在一般情况下，纳税人无需提供纳税担保，只有在有根据认为从事生产、经营的纳税人有逃避纳税义务行为或发现纳税人有明显的转移、隐匿其应税的商品、货物以及其他财产或收入的迹象时，税务机关才会责成纳税人提供纳税担保。提供纳税担保的主要方式，如图 8-16 所示。

（1）以货币保证金作纳税担保。

（2）以实物抵押品作纳税担保。

（3）由纳税担保人作纳税担保。

图 8-16 纳税担保几种方式

（1）以货币保证金作纳税担保。

纳税人需要在纳税义务发生前向税务机关预缴一定数量的货币，作为纳税保证金，预缴金额大致相当于或略高于应缴税款。如果纳税人不能按期照章纳税，税务机关即可将其抵作应纳税款、滞纳金和罚款。如果纳税人如期履行了纳税义务，可凭完税凭证如数领回其预缴的保证金。

（2）以实物抵押品作纳税担保。

纳税人需在纳税义务发生前向税务机关提交一定数量的实物，如商品、货物等，作为应纳税款抵押品，其价值应大致相当于或略高于应缴税款。如果纳税人不能按期缴纳税款，税务机关可按有关规定拍卖其实物抵押品，以所得款项抵缴纳税人应纳税款、滞纳金和罚款。如果纳税人按期缴纳了税款，则可凭完税凭证如数领回其交保的实物抵押品。

（3）由纳税担保人作纳税担保。

由纳税人提名，经税务机关认可，可由第三方出面为纳税人作纳税担保，保证纳税人在发生纳税义务后依法纳税，如纳税人逾期不缴，则由担保人负责为其缴纳税款、滞纳金和罚款。纳税担保人应是在我国境内具有纳税担保能力的公民、法人或其他经济组织。

国家机关不能作纳税担保人，因其不具备代偿债务或代缴税款的经济能力。纳税担保人在承诺纳税担保责任时，应履行承保手续，填写纳税担保书，写明担保的对象、范围、期限及责任等有关事项。

8.5 税权的保护

税法对于社会分配的影响相当广泛，并且是直接而具体的影响了社会收入的分配，因此它在社会主义市场经济建设过程中具有极其重要的地位。税权这一概念自提出以来，便在不同意义上适用，从而形成了税权这一概念的多重含义。

权力或权利是在与其他的权利或权力的比较中存在的。通常，学者们认为一般意义上的税权是指国内法上的税权，比如说我国法学学者一般所说的税权便是这个意义上的税权。但是，在具体的含义方面，税权是权力与权利的统一，其包括税收立法权、税收行政权和税收司法权三个方面。税权的主体、标的和内容不具有同质性，难以总结出一般的特性和共性，只能对税权的各项子权利作个别的描述，所以无法将“税权”定位为所有税法权利的概念，而只能在非严格意义上将其视为税收权利的简称。

税权是国家和纳税人基于税法事实的发生而享有的对税收的征纳和使用的支配权利，具体包括以下三层含义，如图 8-17 所示。

（1）享有税权的主体包括国家和纳税人。

（2）税权基于税法事实的发生而存在。

（3）税权是一种对税收的支配权利。

图 8-17　税权的三个含义

对国家而言，税权体现为对税金的取得和使用的权利；对纳税人而言，税权体现为纳税人对税收要素的参与决定权和对税款使用的民主监督权等。

在国际层面上，税权就是一国对税收事务的管辖权。在国内层面上，税权又分国家税权和国民税权。国家税权包括税收权力和税收权利，前者是国家的

征税权，后者是国家的税收债权；国民税权包括国民总体的税收权力和个人享有的税收权利。

下面从国际法和国内法上对税权做简单分析。

1. 国际法上的税权

从国际角度来看，税权的存在是与国家的主权联系在一起的，其本身便是国家权力的组成部分和体现。正如马克思的论述，其本身是由国家主权派生出来的，因而是其重要组成部分和体现，从而形成了一国税权同他国税权的平等并立。如同其他的权力一样，一国的税权恰恰是在同他国税权的比较中存在的。因此，主权国家与主权国家之间也存在税权的划分问题。在世界各个国家和地区的诸多独立的税权所构成的参照系中，一国的税权应当有其自己特定的位置。

从国际法的视角来看，国家不可或缺的基本权利主要有四项，即独立权、平等权、自保权和管辖权，这是一国主权的具体体现。税收管辖权属于国家管辖权的一个方面，其作为国家或政府在税收方面所拥有的各项权力的总称，是国家主权在税收领域的体现。因此，国际法上的税权就是理论界通常所说的税收管辖权。税收管辖权具有独立性和排他性，它意味着一个国家在征税方面行使权力的完全自主性，以及在处理本国事务时所享有不受外来干涉和控制的权力。由于税收管辖权是主权的重要组成部分和标志，现代各国都未以法律的形式对本国的税收管辖权作出限制。

2. 国内法上的税权

国家税权作为一种公权力，它是隶属于国家或政府的权力，是国家主权的体现，但是目前理论界和实务界对于其具体内容的认识还未能达成一致意见。有学者认为税权应包括税收立法权、税收行政权和税收司法权，有学者认为税权包括国家的税权和国民的税收权利，有学者认为税权仅指国家征税的权力。国内法上的税权分三种，如图 8-18 所示。

（1）税收立法权。

（2）税收行政权。

（3）税收司法权。

图 8-18 国内法上的税权分类

（1）税收立法权。

税收立法权是指国家进行税收立法的权力，但是具体立法权归谁，也是值得讨论的一个问题。税收立法权是国家立法权的重要组成部分，是国家专门享有的权利，是税权体系中的最高权力，它是国家立法权在税收这一特定领域的具体体现。从各国税收立法实践来看，由于国情和政体等本土资源的差异，各国对税收立法权含义的界定和内容的理解并不完全相同，且在立法权限划分、行使和监督等方面分别选择了机制和路径。

（2）税收行政权。

税收行政权是执行税收法律、进行税款征收和管理的行政权，是政府的行政机关拥有的税收征收管理方面的权限，包括税收征收权和税收管理权。

（3）税收司法权。

税收司法权是国家专门机关，根据国家法律，按照法定程序，对税务案件进行专门管辖的权限。

8.6 小结

本章主要讲述了税务基础定义、纳税的权利和义务，简单地讲就是告诉读者为什么要纳税。将大段大段的文字变换成列表的形式展示给大家，浅显易懂。这章内容只需了解大意就可以，下一章将为大家讲一讲企业最常用的税种。

第 9 章

“学无止境”——出纳税务知识

在现代社会，“税”这个词语已经一点点地渗透到我们的生活中了。中国是一个纳税大国，随着经济的高速增长，税收的种类也在不断的增加。一般纳税企业的税种就是基本的增值税、消费税、营业税、个税等，本章将分别为读者介绍。

9.1 了解增值税

增值税已经成为中国最主要的税种之一，增值税的收入占中国全部税收的60%以上，是最大的税种。增值税由国家税务局负责征收，税收收入中 75%为中央财政收入，25%为地方收入。进口环节的增值税由海关负责征收，税收收入全部为中央财政收入。2011 年 10 月 31 日，财政部公布财政部令，增值税、营业税起征点有较大幅度上调。

9.1.1 增值税概述

1. 增值税概念

增值税是对销售货物或者提供加工、修理修配劳务以及进口货物的单位和个人就其实现的增值额征收的一个税种。

增值税是以商品生产和流通中各个环节的新增价值或商品附加值为征税对象的一种流转税。增值税是国际上公认的透明度比较高的“中性”税收，它不仅有利于组织财政收入，而且有利于鼓励企业按照经济效益原则选择最佳的生产经营组织形式，也有利于按照国际惯例对出口产品实行彻底退税，增强本国产品在国际市场上的竞争力。

2. 增值税特点

我国现行增值税的特点主要有以下几个方面：

（1）普遍征收。现行增值税普遍适用于生产、批发、零售和进口商品及加工、修理修配等领域的各个环节。

（2）价外计税。增值税实行价外计税的办法，即以不含增值税税额的价格为计税依据。

（3）专用发票。在全国范围内使用统一的增值税专用发票，实行根据发票注明税金进行税款抵扣的制度。

（4）税率简化。增值税率分别为 17%和 13%，对于会计核算不健全或不能按会计制度和税务机关要求准确核算进项、销项税额的采用简化税率，小规模纳税人税率为 3%。

3. 增值税纳税人

由于增值税实行凭增值税专用发票抵扣税款的制度，因此对纳税人的会计核算水平要求较高，要求能够准确核算销项税额、进项税额和应纳税额。但实际情况是有众多的纳税人达不到这一要求，因此《中华人民共和国增值税暂行条例》将纳税人按其经营规模大小以及会计核算是否健全划分为一般纳税人和小规模纳税人。具体划分标准如图 9-1 所示。

一般纳税人

（1）生产货物或者提供应税劳务的纳税人，以及以生产货物或者提供应税劳务为主（即纳税人的货物生产或者提供应税劳务的年销售额占应税销售额的比重在 50%以上）并兼营货物批发或者零售的纳税人，年应税销售额超过 50 万的。

（2）从事货物批发或者零售经营，年应税销售额超过 80 万元的。

小规模纳税人

（1）从事货物生产或者提供应税劳务的纳税人，以及从事货物生产或者提供应税劳务为主（即纳税人的货物生产或者提供劳务的年销售额占年应税销售额的比重在 50%以上），并兼营货物批发或者零售的纳税人，年应征增值税销售额（建成应税销售额）在 50 万元以下（含本数）的。

（2）从除上述规定以外的纳税人，年应税销售额在 80 万元以下的（含本数）。

图 9-1　增值税纳税人

4. 增值税征收范围

增值税的征税范围包括：销售和进口货物、提供加工及修理修配劳务。这里的货物是指有形动产，包括电力、热力、气体等，不包括不动产。加工是指受托加工货物，即委托方提供原料及主要材料，受托方按照委托方的要求制造

货物并收取加工费的业务；修理修配是指受托对损伤和丧失功能的货物进行修复，使其恢复原状和功能的业务。

9.1.2 增值税的税率

增值税税率就是增值税税额占货物或应税劳务销售额的比率，是计算货物或应税劳务增值税税额的尺度，如图 9-2 所示。

税目	税率	范围	说明
一、销售或进口货物除列举的以外	17%		《中华人民共和国增值税暂行条例》第二条增值税税率，第一项规定："纳税人销售或者进口货物，除本条第(二)项、第(三)项规定外，税率为17%。"
二、加工、修理修配劳务	17%		《中华人民共和国增值税暂行条例》第二条增值税税率，第四项规定："纳税人提供加工、修理修配劳务，税率为17%。
三、农业产品	13%	包括植物类、动物类	
1．植物类		粮食包括小麦、稻谷、玉米、高粱、谷子和其他杂粮，以及经碾磨、脱壳等工艺加工后的粮食	切面、饺子皮、馄饨皮、面皮、米粉等粮食复制品，也属于本货物的征税范围。豆制小吃食品不包括。
		蔬菜包括各种蔬菜、菌类植物和少数可作副食的木料植物。	经晾晒、冷藏、冷冻、包装、脱水等工序加工的蔬菜、腌菜、咸菜、酱菜和盐渍蔬菜等也属于本货物的征税范围。
		烟叶包括晒烟叶、晾烟叶和初烤烟叶。	
		茶叶包括各种毛茶。	
		园艺植物指可供食用的果实。	经冷冻、冷藏、包装等工序加工的园艺植物，也属于本货物的征税范围。
		药用植物	利用药用植物加工制成的片、丝、块、段等中药饮片，也属于本货物的征税范围。
		油料植物	提取芳香油的芳香油料植物，也属于本货物的征税范围。
		纤维植物	棉短绒和麻纤维经脱胶后的精干(洗)麻，也属于本货物的征税范围。
		糖料植物	
		林业产品包括原木、原竹、天然树脂及其他林业产品	盐水竹笋也属于本货物的征税范围
		其他植物	干花、干草、薯干、干制的藻类植物，农业产品的下脚料等，也属于本货物的征税范围。

图 9-2 增值税税率表

9.1.3 增值税应纳税额的计算

增值税计算公式具体如下：

不含税销售额=含税销售额÷（1+税率）

应纳销项税额=不含税销售额×税率

例题 1

某超市为增值税小规模纳税人，2010 年 4 月零售粮食、食用油、各种蔬菜水果取得收入 51500 元，销售其他商品取得收入 20600 元，为某厂商提供有偿的广告促销业务，取得收入 30900 元，食品过期损失金额 1030 元，计算 4 月应纳增值税。

【解】应纳增值税=（51500+20600）÷（1+3%）×3%=2100 元

9.2 了解消费税

消费税是 1994 年税制改革在流转税中新设置的一个税种。消费税实行价内税，只在应税消费品的生产、委托加工和进口环节缴纳，在以后的批发、零售等环节，因为价款中已包含消费税，因此不用再缴纳消费税，税款最终由消费者承担。消费税的纳税人是我国境内生产、委托加工、零售和进口《中华人民共和国消费税暂行条例》规定的应税消费品的单位和个人。

9.2.1 消费税概述

1. 消费税概念

消费税是对在我国境内生产、委托加工和进口的特定消费品所征收的一种税。消费税属于中央税。消费税纳税义务人是在中华人民共和国境内生产、委托加工和进口规定的应税消费品的单位和个人。

2. 消费税特点

消费税是以应税消费品为课税对象的一种税，在应税产品的选择、税率的设计等方面，与其他流转税相比具有以下特点，如图 9-3 所示。

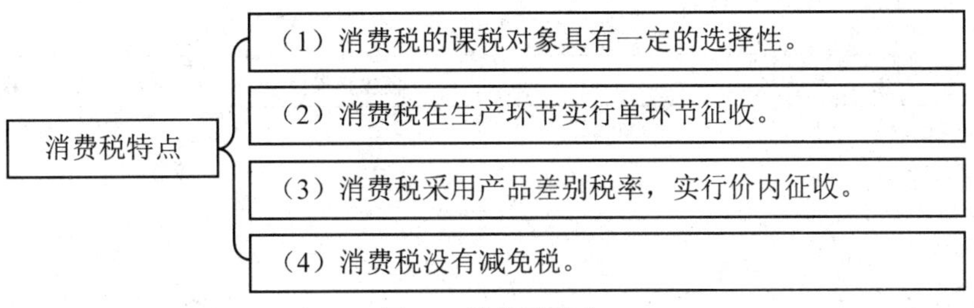

图 9-3 消费税特点

3. 消费税纳税人

在我国境内生产、委托加工和进口《中华人民共和国消费税暂行条例》规定的消费品的单位和个人，为消费税的纳税人。

所谓“单位”是指国有企业、集体企业、私有企业、股份制企业、外商投资企业和外国企业、其他企业和行政单位、事业单位、军事单位、社会团体及其他单位；所谓“个人”是指个体经营者及其他个人。所谓“在我国境内”是指应税消费品的起运地或所在地在我国。

9.2.2 消费税的税率

消费税的征收范围包括了五种类型的产品：

第一类：一些过度消费会对人类健康、社会秩序、生态环境等方面造成危害的特殊消费品，如烟、酒、鞭炮、焰火等；

第二类：奢侈品、非生活必需品，如贵重首饰、化妆品等；

第三类：高能耗及高档消费品，如小轿车、摩托车等；

第四类：不可再生和替代的石油类消费品，如汽油、柴油等；

第五类：具有一定财政意义的产品，如汽车轮胎、护肤护发品等。

消费税的税率包括比例税率和定额税率两类。比例税率适用于多数应税消费品、成品油、啤酒、黄酒采用定额税率，而卷烟和白酒采用比率税率和定额税率相结合的复合税率。具体范围和税率如表 9-1 所示。

表 9-1 消费税税目税率（税额）表

税目	征收范围	计税单	税率（税额）
一 烟 1 甲类卷烟 2 乙类卷烟 3 雪茄烟 4 烟丝	包括各种进口卷烟		45% 40% 40% 30%

续表

税目		征收范围	计税单	税率（税额）
二 酒及酒精				
1 粮食白酒				25%
2 薯类白酒				15%
3 黄酒		吨		240 元
4 啤酒		吨		220 元
5 其他酒				10%
6 酒精				5%
三 化妆品		包括成套化妆品		30%
四 护肤护发品				8%
五 贵重首饰及珠宝玉石		包括各种金、银、珠宝首饰及珠宝玉石		10%
六 鞭炮、烟火				15%
七 汽油				0.2 元
八 柴油				0.1 元
九 汽车轮胎				10%
十 摩托车				10%
十一 小轿车	汽缸容量（排气量、下同）在 2200 毫升以上的（含 2200 毫升）			8%
	汽缸容量在 1000 毫升至 2200 毫升的（含 1000 毫升）			5%
	汽缸容量在 1000 毫升以下的			3%
十二 越野车（四轮驱动）	汽缸容量在 2400 毫升以上的（含 2400 毫升）			5%
	汽缸容量在 2400 毫升以下的			3%
十三 小客车	汽缸容量在 20400 毫升以上的（含 2000 毫升）			5%
	汽缸容量在 2000 毫升以下的			3%

9.2.3 消费税应纳税额的计算

按照现行消费税法的基本规定，消费税应纳税额的计算分为从价定率、从量定额和复合计税三种计算方法。

（1）从价定率计税：应纳税额=销售额×比例税率。

（2）从量定额计税：应纳税额=销售数量×单位税额。

（3）复合计税：应纳税额=销售额×比例税率+销售数量×单位税额。

公式中的销售额是指纳税人销售应税消费品向购买方收取的全部价款和价外费用，全部价款中包含消费税税额，但不包含增值税税额。

例题 1

某摩托车场 2000 年 4 月 10 日向外商销售摩托车 150 辆，单价 1300 美元（不含税），当月 1 日汇率为 8.6 元，4 月 10 日汇率为 8.7 元，计算应纳消费税额。

【解】（1）将美元折成人民币计算销售额。

该厂拟定以当月 1 日汇率作为折合率

人民币销售额=150 × 1300 × 8.6=1677000 元

（2）确定适用税率。

摩托车适用税率为 10%

（3）计算应纳税额。

应纳消费税额=1677000 × 10%=167700 元

例题 2

某酒厂向某化工厂提供粮食 710 吨，每吨粮食成本 1042 元，委托其加工酒精 200 吨，支付加工费 300 元/吨（不含税），辅料成本 136 元/吨，酒厂按合同规定收回已完工酒精，计算化工厂应代收代缴消费税:

【解】（1）确定组成计税价格。

组成计税价格=（710 × 1042/200+300+136）÷（1-5%）=4352.74（元/吨）

（2）确定应税销售额。

应税销售额=4352.74 × 100=435274 元

（3）计算应代收代缴消费税。

代收代缴消费税=435274 × 5%=21763.70 元

若化工厂当月生产销售过酒精，且加权平均销售单价为 5400 元/吨（不含税）

则化工厂代收代缴的消费税为:

代收代缴消费税=100 × 5400 × 5%=27000 元

9.3 了解营业税

营业税是我国货物和劳务税中主要的税种之一，实行普遍征收，以营业额为计税依据，税额不受成本、费用高低的影响，对于保证财政收入的稳定增长具有十分重要的意义。

9.3.1 营业税概述

1. 营业税概念

营业税是指以在我国境内提供应税劳务、转让无形资产或销售不动产所取得的营业额为征税对象而征收的一种货物和劳务税。

营业税是按行业设计税率的。如果纳税人兼有不同税目应税行为的，应当分别核算而未分别核算金额的，应按这部分金额对应的最高税率计算征收营业税。

2. 营业税特点

营业税的特点如图 9-4 示。

（1）以货物营业额为征税对象。

（2）按行业大类设计税目税率。

（3）计算简便、征收成本较低。

图 9-4 营业税特点

3. 营业税纳税人

在中华人民共和国境内提供应税劳务、转让无形资产或者销售不动产的单位和个人，为营业税的纳税义务人。

这里所称的单位，是指企业、行政单位、事业单位、军事单位、社会团体及其他单位。这里所称个人，是指个体工商户和其他个人。

9.3.2 营业税的税率

营业税按行业实行差别比例税率，设有三档，3%、5%、5%～20%。个税目的税率表为如表 9-2 示。

表 9-1　营业税税率

行业	税率	行业	税率
交通运输业	3%	服务业	5%
建筑业	3%	转让无形资产	5%
邮电通讯业	3%	销售不动产	5%
文化体育业	3%	金融保险业	5%
娱乐业	5%~8%		

9.3.3　营业税应纳税额的计算

（1）营业税应纳税额的计算公式，具体如下：

营业税应纳税额=营业额（或销售额、转让额）×适用税率

例题

某房地产开发有限公司，主要从事房地产开发、销售及物业出租业务，2009 年 12 月份发生以下业务：

（1）销售普通住宅 10 套，面积共计 1250 平方米，每平方米售价为 12000 元；

（2）销售精装修高档公寓 3 套，面积共计 540 平方米，每平方米售价为 20000 元，其中：毛坯房每平方米为 18000 元，装修费每平方米为 2000 元；

（3）出租写字楼 1200 平方米，取得租金收入 60000 元；

（已知：销售不动产使用的营业税税率为 5%；出租写字楼适用的营业税税率为 5%；计算该房地产公司 12 月份应缴纳的营业税税额）

【解】

（1）销售住宅应缴纳的营业税税额=销售额 × 适用税率

=1250 × 12000 × 5%=750000 元

（2）销售公寓应缴纳的营业税税额=销售额 × 适用税率

=540 × 20000 × 5%=540000 元

（3）出租写字楼应缴纳的营业税税额=营业额 × 适用税率

=60000 × 5%=3000 元

该房地产公司 12 月份应缴纳的营业税税额

=750000+540000+3000=1293000 元

9.4 了解个人所得税

凡在中国境内有住所，或者无住所而在中国境内居住满一年的个人，从中国境内和境外取得所得的，以及在中国境内无住所又不居住或者无住所而在境内居住不满一年的个人，从中国境内取得所得的，均为个人所得税的纳税人。

9.4.1 个人所得税概述

1. 个人所得税概念

个人所得税是调整征税机关与自然人（居民、非居民人）之间在个人所得税的征纳与管理过程中所发生的社会关系的法律规范的总称。

个人所得税的征收方式可分为按月计征和按年计征。个体工商户的生产、经营所得，对企业事业单位的承包经营、承租经营所得，特定行业的工资、薪金所得，从中国境外取得的所得，实行按年计征应纳税额，其他所得应纳税额实行按月计征。

2. 个人所得税特点

我国的个人所得税主要有以下几个特点，如图 9-5 所示。

（1）实行分类征收。

（2）累进税率与比例税率并用。

（3）费用扣除额较宽。

（4）计算简便。

（5）采取课源制和申报制征纳方法。

图 9-5 个人所得税特点

3. 个人所得税的纳税人

个人所得税以所提为纳税义务人，以支付所得的单位或个人为扣缴义务人。

个人所得税的纳税义务人是指在中国境内有住所、或者虽无住所但在中国境内居住满 1 年，以及无住所又不居住不满 1 年但有从中国境内取得所得的个人，包括中国公民、个体工商户、外籍个人、中国香港、澳门、台湾同胞等。

9.4.2 个人所得税的税率

纳税人实际取得的工资、薪金所得，按税法规定的减除费用标准和税率，计算缴纳个人所得税，如表 9-3 所示。

表 9-3 个人所得税税率表（工资、薪金所得适用）

级数	全月应纳税所得额		税率（%）	速算扣除数
	含税级距	不含税级距		
1	不超过 1500 元的	不超过 1455 元的	3	0
2	超过 1500 元至 4500 元的部分	超过 1455 元至 4155 元的部分	10	105
3	超过 4500 元至 9000 元的部分	超过 4155 元至 7755 元的部分	20	555
4	超过 9000 元至 35000 元的部分	超过 7755 元至 27255 元的部分	25	1005
5	超过35000元至55000元的部分	超过 27255 元至 41255 元的部分	30	2755
6	超过55000元至80000元的部分	超过 41255 元至 57505 元的部分	35	5505
7	超过 80000 元的部分	超过 57505 元的部分	45	13505

9.4.3 个人所得税应纳税额的计算

一般工资、薪金所得应纳税额的计算公式，具体如下：

个人所得税应纳税额=应纳税所得额×适用税率-速算扣除数

=（工资薪金所得-“五险一金”-减除费用标准）×适用税率-速算扣除数

例题

北京科技公司王某 2011 年 9 月取得工资、薪金收入 5500 元(不考虑社保)，根据个人所得税法规定，计算王某当月应缴纳的个人所得税税额。

【解析】自 2011 年 9 月起，减除费用标准调整为 3500 元/月，适用 3%~45%的超额累进税率。

王某当月应缴纳个人所得税税额计算:

全月应纳税所得额=5500-3500=2000 元

全月应纳税额=2000 × 10%-105=95 元

9.5 了解企业所得税

企业所得税是对我国境内的企业和其他取得收入的组织经营单位的生产经营所得和其他所得征收的一种税。企业所得税纳税人即所有实行独立经济核算的中华人民共和国境内的企业或其他组织。

9.5.1 企业所得税概述

1. 企业所得税概念

企业所得税是对我国境内的企业和其他取得收入的组织的生产经营所得和其他所得征收的所得税。其中，企业分为居民企业和非居民企业。居民企业是指依法在中国境内成立，或者依照外国（地区）法律成立但实际管理机构在中国境内的企业；非居民企业是指依照外国（地区）法律成立且实际管理机构不在中国境内，但在中国境内设立机构、场所的，或者在中国境内未设立机构、场所，但有来源于中国境内所得的企业。

2. 企业所得税的特点

企业所得税的征税对象是纳税人取得的所得，包括销售货物所得、提供劳务所得、转让财产所得、股息红利所得、利息所得、租金所得、特许权使用费所得、接受捐赠所得和其他所得。

3. 企业所得税纳税人

在我国境内的企业，除外商投资企业和外国企业外，凡来源于我国境内、外的生产、经营所得和其他所得的，都应缴纳所得税，包括国有企业、集体企业、私营企业、联营企业、股份制企业以及经国家有关部门批准，依法注册、登记的事业单位和社会团体等组织。

生产经营所得是指从事物质生产、交通运输、商品流通、劳务服务，以及经国务院税务部门确认的其他营利事业取得的所得。

其他所得是指股息、利息、租金、转让各类资产收益、特许权使用费以及营业外收益等所得。

9.5.2 企业所得税的税率

新所得税法规定，法定税率为25%，内资企业和外资企业一致，国家重点

扶持的高新技术企业为 15%，小型微利企业为 20%，非居民企业为 20%。

9.5.3 企业所得税应纳税额的计算

企业所得税应纳税额的计算公式，具体如下：

企业所得税应纳税额=应纳税所得额×适用税率

企业应纳税所得额=收入总额-准予扣除项目金额

例题

一家国家扶植的高新技术企业，2008 年实现税前收入总额为 2000 万元(包括产品销售收入 1800 万元，购买国库券利息收入 100 万元，其他收入 100 万元，发生各项成本费用共计 1000 万元，其中包括：合理工资薪金总额支出 200 万，业务招待费 100 万，职工福利费 50 万，职工教育经费 20 万，工会经费 10 万，税收滞纳金 10 万，提取各项准备金支出 100 万，计算该企业当年的应纳税所得额。

【解】

企业的应税收入总额=2000−100=1900 万元。

该企业准予扣除项目=1000−(100−1800 × 5‰)−(50−200 × 14%)−(20-200 × 2.5%) −10−100=756 万元。

应纳税所得额=收入总额−不征税收入−免税收入−各项扣除−弥补以前年度亏损

应纳税所得额=1900−756=1144 万元。

9.6 了解车船税

随着经济发展，社会拥有车船的数量急剧增加，开征车船税后，购置、使用车船越多，应缴纳的车船税越多，促使纳税人加强对自己拥有的车船管理和核算，改善资源配置，合理使用车船。

9.6.1 车船税概述

1. 车船税的概念

车船税是以车船为征税对象，向拥有车船的单位和个人征收的一种税。

车船税是指对在我国境内应依法到公安、交通、农业、渔业、军事等管理部门办理登记的车辆、船舶，根据其种类，按照规定的计税依据和年税额标准计算征收的一种财产税。从 2007 年 7 月 1 日开始，有车族需要在投保交强险时缴纳车船税。

2. 车船税的纳税人

车船税的纳税人是指在中国境内拥有或者管理车辆、船舶的单位和个人。车船的所有人或者管理人未缴纳车船税的，使用人应当代为缴纳车船税。

一般情况下，拥有并且使用车船的单位和个人是统一的，纳税人既是车船的拥有人，又是车船的使用人。有租赁关系，拥有人与使用人不一致的，如车辆拥有人未缴纳车船税的，使用人应当代为缴纳车船税。

9.6.2 车船税的税率

车船税实行定额税率。定额税率也称固定税额，是税率的一种特殊形式。定额税率计算简便，适宜于从量计征的税种。车船税的适用税额，依照条例所附的《车船税税目税额表》执行。

车船税采用定额税率，即对征税的车船规定单位固定税额。车船税确定税额总的原则是：非机动车船的税负轻于机动车船；人力车的税负轻于畜力车；小吨位船舶的税负轻于大船舶。由于车辆与船舶的行使情况不同，车船税的税额也有所不同，如图 9-6 所示。

税目	计税单位	每年税额	备注
载客汽车	每辆	60～660 元	包括电车
载货汽车	按自重每吨	16～120 元	包括半挂牵引车、挂车
三轮汽车 低速汽车	按自重每吨	24～120 元	
摩托车	每辆	36～180 元	
船舶	按净吨位每吨	3～6 元	拖船和非机动驳船分别按船舶税额的 50%计算

图 9-6 车船税的税率

9.6.3 车船税应纳税额的计算

车船税各税目应纳税额的计算公式，具体如下：

（1）载客汽车和摩托车的应纳税额=辆数×适用年税率

（2）载货汽车、三轮汽车、低速货车的应纳税额=自重吨位数×适用年税率

（3）船舶的应纳税额=净吨位数×适用年税率

（4）拖船和非机动驳船的应纳税额=净吨位数×适用年税率×50%

例题

北京小型运输公司拥有并使用以下车辆：从事运输用的净吨位为 2 吨的拖拉机挂车 5 辆，5 吨的载货卡车 10 辆，4 吨的汽车挂车 5 辆，当地政府规定，载货的汽车的车船税税额为 60 元/吨，计算该公司应缴纳的车船税

【解】

（1）拖拉机挂车的车船使用税=2 × 5 × 60=600 元

（2）载货卡车的车船使用税=5 × 10 × 60=3000 元

（3）汽车挂车的车船使用税=4 × 5 × 60=1200 元

合计应纳车船税=600+3000+1200=4800 元

9.7　了解印花税

印花税是对经济活动和经济交往中树立、领受具有法律效力凭证的行为所征收的一种税，由纳税人按规定应税的比例和定额自行购买并粘贴印花税票，完成纳税义务。因采用在应税凭证上粘贴印花税票作为完税的标志而得名。

9.7.1　印花税概述

1. 印花税的概念

在中华人民共和国境内书立、领受《中华人民共和国印花税暂行条例》所列举凭证的单位和个人，都是印花税的纳税义务人，应当按照规定缴纳印花税。

2. 印花税的特点

印花税不论是在性质上，还是在征税方法方面，都具有不同于其他税种的特点，如图 9-7 所示。

（1）兼有凭证税和行为税性质。

（2）征税范围广泛。

（3）税率低。

（4）纳税人自行完税。

图 9-7　印花税特点

9.7.2 印花税的税率

印花税的税目，指印花税法明确规定的应当纳税的项目，它具体划定了印花税的征税范围。一般地说，列入税目的就要征税，未列入税目的就不征税。印花税共有13个税目。

印花税的税率设计，遵循税负从轻、共同负担的原则，所以税率比较低。凭证的当事人，即对凭证有直接权利与义务关系的单位和个人均应就其所持凭证依法纳税。印花税的税目税率如表9-4所示。

表9-4 印花税税目税率表

税目	范围	税率	纳税人	说明
1 购销合同	包括供应、预购、采购、购销结合及协作、调齐、补偿、易货等合同	按购销金额0.3‰贴花	立合同人	
2 加工承揽合同	包括加工、定做、修缮、修理、印刷广告、测绘、测试等合同	按加工或承揽收入0.5‰贴花	立合同人	
3 建设工程勘察设计合同	包括勘察、设计合同	按收取费用0.5‰	立合同人	
4 建筑安装工程承包合同	包括建筑、安装工程承包合同	按承包金额0.3‰贴花	立合同人	
5 财产租赁合同	包括租赁房屋、船舶、飞机、机动车辆、机械、器具、设备等合同	按租赁金额1‰贴花 税额不足1元，按1元贴花	立合同人	
6 货物运输合同	包括民用航空运输、铁路运输、海上运输、内河运输和联运合同	按运输收取的费用0.5‰贴花	立合同人	单据作为合同使用的按合同贴花
7 仓储保管合同	包括仓储、保管合同	按仓储收取的保管费用1‰贴花	立合同人	仓单作为合同使用的按合同贴花
8 借款合同	银行及其他金融组织和借款人（不包括银行同业拆借）所签订的借款合同	按借款金额0.05‰贴花	立合同人	单据作为合同使用的按合同贴花
9 财产保险合同	包括财产、责任、保证、信用等保险合同	按支付（收取）的保险费1‰贴花	立合同人	单据作为合同使用的按合同贴花
10 技术合同	包括技术开发、转让、咨询、服务等合同	按所记载金额0.3‰贴花	立合同人	
11 产权转移数据	包括财产所有权和版权、商标专用权、专利权、专有技术使用权等转移数据	按所记载金额0.5‰贴花	立据人	
12 营业账簿	生产、经营用账册	记载资金的账簿，按实收资本和资本公积的合计金额0.5‰贴花，其他账簿按件贴花5元	立账簿人	
13 权利、许可证照	包括政府部门发给的房屋产权证、工商营业执照、商标注册证、专利证、土地使用证	按件贴花5元	领受人	

9.7.3 印花税应纳税额的计算

印花税应纳税额的计算公式，如图 9-8 所示。

实行定额税率的凭证，印花税应纳税额的计算公式为： 应纳税额=应税凭证件数×定额税率

实行比例税率的凭证，印花税应纳税额的计算公式为： 应纳税额=应税凭证计税金额×比例税率

营业账簿中记载金额的账簿，印花税应纳税额的计算公式为： 应纳税额=（实收资本+资本公积）×0.5‰

图 9-8 印花税税额的计算公式

例题

某公司上年度新启用非资金账簿 15 本，除此之外，还签订了如下经济合同：

（1）与购货方签订了购销合同，规定用 40 万元的产品换取 40 万元的原材料，合同已履行。

（2）与某运输公司签订一项货物运输合同，注明运输费和装卸费金额为 10 万元（其中 1 万元装卸费）。

（3）以本公司财产 50 万元作抵押，取得某银行 抵押贷款 100 万元，合同规定年底归还，但年底因资金周转困难，无力偿还，按照合同规定将抵押财产产权转移给该银行，并依法签订了产权转移书据。

计算该公司应缴纳的印花税税额。

【解】

（1）新启用账簿应缴纳印花税税额=15 × 5=75 元

（2）易货购销合同应缴纳印花税税额=（400000+400000）× 0.3‰=240 元

（3）运输合同应缴纳印花税税额=（100000−10000）× 0.5‰=45 元

（4）借款合同应缴纳印花税税额=1000000 × 0.05‰+500000 × 0.5‰=300 元

（5）该公司应缴纳的印花税=75+240+45+300=660 元

9.8 了解城市维护建设税

我国为了加强城市的维护建设，扩大和稳定城市维护建设资金的来源，而对有经营收入的单位和个人征收的一个税种。城市维护建设税是1984年工商税制全面改革中设置的一个新税种。1985年2月8日，国务院发布《中华人民共和国城市维护建设税暂行条例》，从1985年度起施行。1994年税制改革时，保留了该税种，作了一些调整，并准备适时进一步扩大征收范围和改变计征办法。

9.8.1 城市维护建设税概述

1. 城市维护建设税概念

城市维护建设税是我国为了加强城市的维护建设，扩大和稳定城市维护建设资金的来源，对有经营收入的单位和个人征收的一个税种。它是1984年工商税制全面改革中设置的一个新税种。

城市维护建设税是对从事工商经营，缴纳消费税、增值税、营业税的单位和个人征收的一种税。

2. 城市维护建设税特点

城市维护建设税属于特定目的税，具有以下显著特点，如图9-9所示。

（1）税款专款专用。

（2）属于附加税。

图9-9 城市维护建设税特点

3. 城市维护建设税的纳税人

城市维护建设税的纳税人是实际缴纳“三税”的单位和个人，包括各类企业、行政单位、事业单位、军事单位、社会团体及其他单位，以及个体工商户和其他个人。自2010年12月1日起，对外商投资企业、外国企业及外籍个人也征收城市维护建设税。

9.8.2 城市维护建设税的税率

城建税的计税依据是纳税人实际缴纳的“三税”之和。纳税人违反“三税”

有关规定而加收的滞纳金和罚款，是税务机关对纳税人违法行为的经济制裁，不作为城建税的计税依据。但纳税人在被查补“三税”和被处罚时，应同时对其偷逃的城建税进行补税、征收滞纳金和罚款。

城建税的税率，是指纳税人应缴纳的城建税与纳税人实际缴纳的“三税”税额之间的比例。实行差别比例税率，即按照纳税人所在地的不同，实行了三档地区差别比例税率，具体如表 9-5 所示。

表 9-5 城市维护建设税税率

适用范围	税率	计税依据
市区	7%	实际缴纳的增值税、消费税、营业税税额
县城或镇	5%	实际缴纳的增值税、消费税、营业税税额
不在市区、县城或镇	1%	实际缴纳的增值税、消费税、营业税税额

9.8.3 城市维护建设税应纳税额的计算

城市维护建设税应纳税额的计算比较简便，计税方法基本上与“三税”一致，其计算公式如下：

应纳税额=实际缴纳的增值税、消费税、营业税税额总和×适用税率

例题

甲公司为国有企业，2010 年 11 月份应缴纳增值税为 90000 元，实际缴纳增值税 80000 元，应缴消费税 70000 元，实际缴纳消费税 60000 元，应缴营业税 50000 元，实际缴纳营业税 40000 元。计算该公司 11 月份应纳的城市维护建设税税额。

【解】根据城市维护建设税法律制度规定，城市维护建设税以纳税人实际缴纳的“三税”为计税依据。

应纳城市维护建设税税额=（80000+60000+40000）× 7%

=180000 × 7%=12600 元

9.9 了解资源税

资源税是以各种应税自然资源为课税对象，为了调节资源级差收入并体现

国有资源有偿使用而征收的一种税。资源税在理论上可区分为对绝对矿租课征的一般资源税和对级差矿租课征的级差资源税，体现在税收政策上就叫做“普遍征收，级差调节”，即所有开采者开采的所有应税资源都应缴纳资源税；同时，开采中、优等资源的纳税人还要相应多缴纳一部分资源税。

9.9.1 资源税概述

1. 资源税概念

资源税是对在我国境内开采应税矿产品和生产盐的单位和个人，就其应税数量征收的一种税。资源税是对自然资源征税的税种的总称。在中华人民共和国境内开采《中华人民共和国资源税暂行条例》规定的矿产品或者生产盐的单位和个人，为资源税的纳税义务人，应缴纳资源税。

2. 资源税的特点

资源税的特点如图 9-10 所示。

（1）只对特定自然资源征税。

（2）调节资源的级差收益。

（3）实行从量定额征收。

图 9-10 资源税的特点

3. 资源税的纳税人

资源税的纳税人是指在中华人民共和国境内开采应税矿产品或者生产盐的单位和个人。

这里所称的单位，是指国有企业、集体企业、私营企业、股份制企业、其他企业和行政单位、事业单位、军事单位、社会团体及其他单位。这里所称个人是指个体经营者和其他个人。

9.9.2 资源税的税率

资源税税目、税额的调整，由国务院决定。资源税的税目与税额如表 9-6 所示。

表 9-6 资源税税目与税额

税目	单位	税额幅度
原油	元/吨	8～30
天然气	元/万立方米	20～50
煤炭	元/吨	0.3～5
其他非金属矿原矿	元/吨或立方米	0.5～20
黑色金属矿原矿	元/吨	2～30
有色金属矿原矿	元/吨	0.4～30
固体盐	元/吨	10～60
液体盐	元/吨	2～10

9.9.3 资源税税额的计算

资源税应纳税额的计算公式如下：

资源税应纳税额=课税数量×适用的单位税率

代扣代缴应纳税额=收购未税矿产品的数量×适用的单位税率

例题

某铜矿 2009 年 12 月份销售铜矿石原矿 4 万吨，移送使用选为精矿 1 万吨，选矿比为 20%（已知：该矿山铜矿属于 5 等，适用的单位税额为 1.2 元/吨）。计算该铜矿 12 月份应纳资源税税额。

【解】根据资源税法律制度规定，金属和非金属矿产品原矿，因无法准确掌握纳税人移送使用原矿数量的，可将其精矿按选矿比折算成原矿数量，作为课税数量计税。

（1）销售铜矿石原矿应纳资源税税额=课税数量 × 适用的单位税额

=4 × 1.2=4.8 万元

（2）入选精矿的铜矿石原矿应纳资源税税额=入选精矿 ÷ 选矿比 × 适用的单位税额=1 ÷ 20% × 1.2=6 万元

（3）该铜矿 12 月份应纳资源税税额=4.8+6=10.8 万元

9.10 了解土地增值税

土地增值税是以转让房地产取得的收入，减除法定扣除项目金额后的增值额作为计税依据，并按照四级超率累进税率进行征收。

9.10.1 土地增值税概述

1. 土地增值税

土地增值税是指转让国有土地使用权、地上的建筑物及其附着物并取得收入的单位和个人，以转让所取得的收入包括货币收入、实物收入和其他收入为计税依据向国家缴纳的一种税赋，不包括以继承、赠与方式无偿转让房地产的行为。纳税人为转让国有土地使用权及地上建筑物和其他附着物产权并取得收入的单位和个人。课税对象是指有偿转让国有土地使用权及地上建筑物和其他附着物产权所取得的增值额。土地价格增值额是指转让房地产取得的收入减除规定的房地产开发成本、费用等支出后的余额。土地增值税实行四级超率累进税率。

2. 土地增值税的特点

土地增值税的特点如图 9-11 所示。

（1）在房地产转让环节征收。

（2）以房地产转让实现的增值额为计税依据。

（3）征税面比较广。

（4）采用扣除法和评估法计算增值额。

（5）实行超率累进税率。

图 9-11　土地增值税的特点

3. 土地增值税的纳税人

土地增值税的纳税人为转让国有土地使用权、地上建筑及其附着物并取得收入的单位和个人。

这里所称单位包括各类企业单位、事业单位、国家机关和社会团体及其他

组织。这里所称个人包括个体经营者。此外还包括外商投资企业、外国企业、外国驻华机构及海外华侨、港澳台同胞和外国公民。

9.10.2　土地增值税的税率

土地增值税实行四级超率累进税率，如表 9-7 所示。

表 9-7　土地增值税四级超率累进税率表

级数	增值额与扣除项目金额的比率	税率（%）	速算扣除系数（%）
1	不超过 50%的部分	30	0
2	超过 50%至 100%的部分	40	5
3	超过 100%至 200%的部分	50	15
4	超过 200%的部分	60	35

9.10.3　土地增值税税额的计算

土地增值税按照纳税人转让房地产所取得的增值额和规定的税率计算征收。土地增值税的计算公式如下：

土地增值税应纳税额=增值额×适用税率−扣除项目金额×速算扣除系数

上述公式中的增值额指转让户地产所取得的收入减除规定扣除项目后的余额。

收入包括：货币收入、实物收入和其他收入。

规定扣除项目包括五项，如图 9-12 所示。

（1）取得土地使用权所支付的金额。

（2）开发土地的成本、费用。

（3）新建房即配套设施的成本、费用，或者旧房及建筑物的评估价值。

（4）与转让房地产有关的税金。

（5）财政部规定的其他扣除项目。

图 9-12　扣除项目

适用税率是根据增值额占扣除项目的比率来确定的增值额。

税法规定以下情况可免征土地增值税，如图 9-13 所示。

（1）纳税人建造普通标准住宅出售，增值额未超过扣除项目金额百分之二十的。

（2）因国家建设需依法征用、收回的房地产。

图 9-13　免征土地增值税情况

例题

2008 年某国有企业利用库房空地进行商品房开发，按照国家有关规定补交土地出让金 2840 万元，缴纳相关税费 160 万元；住宅开发成本 2800 万元，其中含装修费用 500 万元；房地产开发费用中的利息支出为 300 万元；当年住宅全部销售完毕，取得销售收入共计 9000 万元；缴纳营业税、城市维护建设税和教育费附加 495 万元；缴纳印花税 4.5 万元（已知该公司所在省人民政府规定的房地产开发费用的计算扣除比例为 10%）。计算该企业销售住宅应缴纳的土地增值税税额。

【解】非房地产开发企业缴纳的印花税允许作为税金扣除；非房地产开发企业不允许按照取得土地使用权所支付金额和房地产开发成本合计数的 20%加计扣除。

（1）住宅销售收入=9000 万元

（2）确定转让房地产的扣除项目金额包括：

- 取得土地使用权所支付的金额=2840+160=3000 万元
- 住宅开发成本=2800 万元
- 房地产开发费用=（3000+2800）× 10%=580 万元
- 与转让房地产有关的税金=495+4.5=499.5 万元
- 转让房地产的扣除项目金额=3000+2800+580+499.5=6879.5 万元

（3）转让房地产的增值额=9000-6879.5=2120.5 万元

（4）增值额与扣除项目金额的比率=2120.5 ÷ 6879.5 ≈ 31%

（5）应纳土地增值税税额=2120.5 × 30%=636.15 万元

9.11　小结

本章向大家介绍了 10 种税的基本内容（增值税、消费税、营业税、个人所得税、企业所得税、车船税、印花税、城市维护建设税、资源税、土地增值税）。这 10 种税是平日最广泛使用的税种，本章分别对这些税种进行了基本阐释，举例说明各种税的计算方法，内容通俗易懂，操作性强。

第10章

“马腹逃鞭”——关于避税

避税是指纳税人利用税法上的漏洞或税法允许的办法，做适当的财务安排或税收策划，在不违反税法规定的前提下，达到减轻或解除税负的目的。其后果是造成国家收入的直接损失，扩大了利用外资的代价，破坏了公平、合理的税收原则，使得一国以至于国家社会的收入和分配发生扭曲。

合理避税是企业减少支出、增加收入的重要手段，它的产生是市场经济发展的必然产物，其最大限度地发挥税收的经济杠杆作用。从长远和整体来看，纳税人按照国家的税收政策进行合理避税筹划，促进了产业布局的进一步发展，有利于涵养税源，促进经济社会的长期发展和繁荣。

本章就我国常用的一些避税方法进行简要的分析，探讨如何合理避税，利用各种手段提高企业综合收益，促进国民经济的良性发展。

10.1　混合销售中的各种避税行为

税法对混合销售行为，是按“经营主业”来确定征税的，只选择一种税种，即增值税或营业税。在实际经营活动中，企业的兼营和混合销售往往同时进行，在税收筹划时，如果企业选择缴纳增值税，只要使应税货物的销售额占到总销售额的50%以上；如果企业选择缴纳营业税，只要使应税劳务占到总销售额的50%以上，也就是说企业完全可以通过控制应税货物和应税劳务的所占比例，来达到选择作为低税负税种的纳税人的目的。

通过避税筹划对各种备选的纳税方案进行择优，尽管在主观上是为了减轻自身的税收负担，但在客观上却是在国家税收经济杠杆作用下，逐步走向优化产业结构和合理配置资源的途径，体现了国家的产业政策，从而更好地发挥国

家的税收宏观调控职能。

增值税的一些常用避税方法，主要有 4 个方面，如图 10-1 所示。

（1）在兼营业务中合理避税。

（2）选择合理销售方式避税。

（3）在纳税义务发生时间上合理避税。

（4）出口退税避税法。

图 10-1 增值税的避税方法

（1）在兼营业务中合理避税。

税法规定：纳税人兼营不同税率项目，应该分别核算，按各自的税率计算应纳税额，否则按较高税率计算缴纳。因此纳税人兼营不同税率项目，在取得收入后应该分别如实记账，分别核算销售额，这样可以避免多缴纳税款。

（2）选择合理销售方式避税。

税法规定：现金折扣方式销售货物，其折扣额发生时应计入财务费用，不得从销售额中扣减；采用商业折扣方式销售，如果折扣额和销售额在同一张发票列示，可按折扣后的余额作为销售额计算缴纳增值税。因此若单纯为了避税，采用商业折扣销售方式比采用现金折扣方式更划算，只是在操作中，应将折扣额与销售额注明，不能将折扣额另开发票，否则要计入销售额中计算征税。

（3）在纳税义务发生时间上合理避税。

税法规定，采用直接收款方式销售货物，不论货物是否发出，均为收到销售额或取得索取销售额的凭据，并将提货单交给买方的当天。如果货物不能及时收现而形成赊销，销售方还需承担相关比率的税金。而采用赊销和分期收款方式销售货物，按合同约定的收款日期的当天为纳税义务发生时间。如果纳税人能够准确预计客户的付款时间，采用签订合同赊销或分期收款方式销售货物，虽然最终缴税金额相同，但因推迟了收入确认时间，从而推迟了纳税的时间。由于货币的时间价值，延迟纳税会给企业带来意想不到的节税效果。

（4）出口退税避税法。

即利用中国税法规定的出口退税政策进行合理避税的方法。中国税法规定：对报关离境的出口产品，除国家规定不能退税的产品外，一律退还已征的增值税。出口退税的产品，按照国家统一核定的退税税率计算退税。企业采用出口退税避税法，一定要熟悉有关退税范围及退税计算方法，努力使本企业出口符合合理退税的要求。至于有的企业伙同税务人员或海关人员骗取“出口退税”的做法，是不可取的。

10.2 混淆一般纳税人和小规模纳税人避税

一般来说，大企业会计核算大多比较健全，小企业会计核算大多不健全，所以会计核算是否健全的标准如果量化，以年销售额作为标准比较合适。小规模纳税人的标准为年销售额在 180 万以下的纳税人。另一方面，大企业会计核算未必都健全，小企业会计核算未必都不健全。因此，划分一般纳税人和小规模纳税人，仅以年销售额作为唯一标准是不行的，还必须辅之以定性标准，即由税务机关来审定纳税人会计核算是否健全。

10.2.1 一般纳税人避税

很多企业都在采取措施合理避税，包括在西方国家，怎么把企业所缴税合理地降下来，一般纳税人企业怎么合理避税，分以下几个方面来阐述，如图 10-2 所示。

（1）进项税额方面。

（2）应缴税金方面。

（3）企业所得税方面。

图 10-2 一般纳税人避税

（1）进项税额方面。

进项税额，有 12 个方面的避税方式，如图 10-3 所示。

（2）应缴税金方面。

应缴税金有 5 个方面的避税方式，如图 10-4 所示。

（1）商业企业按工业企业办理税务登记和认定增值税一般纳税人，抵扣进项税额不按付款凭证而按原材料入库单。

（2）用背书的汇票作预付账款，利用现代技术涂改多次复印充当付款凭证，用来骗取抵扣。

（3）应税劳务没有付款申报抵扣（委托加工、水、电、运费）。

（4）在建工程等非应税项目，包括购置固定资产申报抵扣进项税额，在建工程领用原材料或者用作本单位的福利等非应税项目，不作进项税额转出。

（5）取得进项专用发票，开票房、收款方不一致，票货、票款异地申报抵扣。

（6）用预付款凭证（大额支票）多次复印，多次充作付款凭证，进行申报抵扣。

（7）运输发票开具不全，票货不符，或者取得假发票进行抵扣。

（8）为抵扣目的，没有运输业务，去运管办、货运中心，地税局等单位代开发票进行申报抵扣。

（9）铁路客运发票（行李票）当作运输发票进行申报抵扣。

（10）最为典型的是个别企业将运垃圾的发票当作运输货物发票申报抵扣。

（11）进项发票丢失，仍然抵扣进项税额。

图 10-3　进项税额方面避税

（1）代扣代缴税金长期挂账不缴。

（2）稽核评税、税务稽查查补的增值税、所得税补缴后，不作账务调整，该作进项转出的不转出，该调整所得额的不调整账务，造成明征暗退。有的把补缴的增值税再记入进项税额。

（3）福利企业外购原材料转让或者直接销售，自己没有生产能力，委托加工就地销售，也按自产产品申报骗取退税。

（4）福利企业该取得增值税专用发票不取得，自认为反正是退税，造成税负偏高，退税也多。

（5）福利企业购进货物使用白条，骗取高税负退税。

图 10-4　应缴税金方面避税

（3）企业所得税方面。

企业所得税有 5 方面的避税方式，如图 10-5 所示。

（1）企业收取的承包费不计入所得额，长期投资、联营分回的盈亏不再账上反映，始终在往来账上反映。

（2）购买股票、债权取得的收入不按时转记投资收益。

（3）未经税务机关批准，提取上缴管理费。

（4）发生大宗装修、装潢费用以及待摊费用不报税务机关批准就摊销。

（5）多计提应付工资，年终将结余部分上缴主管部门。

（6）购买土地，准备扩建，将土地作为固定资产计提折旧。

（7）盘盈的固定资产、流动资产不作损益处理。

（8）白条支付水电费，购买假发票入账。

（9）应由个人承担的个人所得税记入管理费用—其他。

（10）主管部门向下级分摊费用，下级只有记账支付凭证，没有原始凭证。

（11）报销不属于自己单位的发票、税票。

（12）补贴收入不并入计税所得额，直接记入资本公积或盈余公积。

（13）未经税务机关批准，在税前列支三新费用（新产品、新技术、新工艺的技术开发费）。

图 10-5　企业所得税方面避税

10.2.2　小规模纳税人避税

增值税对一般纳税人和小规模纳税人的差别待遇，为小规模纳税人与一般纳税人进行避税筹划提供了可能性。对于小规模纳税人而言，可以利用纳税人

身份认定这一点进行避税筹划。

对不符合一般纳税人条件的纳税人，由主管税务机关认定为小规模纳税人。小规模纳税人销售货物或者提供应税劳务，按照销售额和征收率 3%计算应纳税额，不得抵扣进项税额。人们通常认为，小规模纳税人的税负重于一般纳税人。但实际并非尽然。我们知道，纳税人进行避税筹划的目的，在于通过减少税负支出，降低现金流出量。企业为了减轻税负，在暂时无法扩大经营规模的前提下实现由小规模纳税人向一般纳税人的转换，必然会增加会计成本。例如，增加会计账薄，培养或聘请有能力的会计人员等。如果小规模纳税人由于税负减轻而带来的收益尚不足以抵扣这些成本的支出，则宁可保持小规模纳税人的身份。

10.3 减少销售税额的避税

随着商品经济的发展，企业间的联系日益密切，为了达到共同发展的目的，互相投资，互相捐赠，以物易物的现象越来越多。当企业存在接受实物投资的进项税额、接受捐赠的进项税额、取得以物易物的进项税额，或从“在建工程”转出的进项税额时，企业在全面权衡利弊后，可通过从高作价，多计算进项税额，从而减少企业应纳税额。

为公平税负，防范偷税避税，规定“纳税人兼营不同税率的货物或者应税劳务，应当分别核算不同税率货物或者应税劳务的销售额，未分别核算销售额的从高适用税率”。“纳税人购进货物或者应税劳务，未按照规定取得并保存增值税扣税凭证，或者增值税扣税凭证上未按照规定注明增值税额及其他有关事项的，其进项税额不得从销项税额中抵扣”。“纳税人销售货物或者提供应税劳务的价格明显偏低并无正当理由的，由主管税务机关核定其销售额”。根据这些规定可严格对企业购进货物、劳务与接收捐赠、以物易物投资，“在建工程”转出的金额相比照，以确定价格和进项税额的合理性，从而正确计算进项税额和应纳税额。

销售收入方面（销项税额），有 9 个方面的避税方式，如图 10-6 所示。

（1）发出商品，不按“权责发生制”的原则按时记销售收入，而是以收到货款为实现销售的依据，其表现为：发出商品时，仓库保管员记账，会计不记账。

（2）原材料转让不记“其他业务收入”，而是记“营业外收入，或者直接抹掉“应付账款”，不计提“销项税额”。

（3）以“预收账款”方式销售货物，产品（商品）发出时不按时转记销售收入，长期挂账，造成进项税额大于销项税额。

（4）制造大型设备的工业企业则把质保金长期挂账不转记销售收入。

（5）价外收入不记销售收入，不计提销项税额。如：托收承付违约金，大部分企业收到违约金后，增加银行存款冲减财务费用。

（6）包装物押金逾期（满一年）不转记销售收入。

（7）从事生产经营和应税劳务的混合销售，纳税人记账选择有利于己的方法记账和申报纳税。

（8）为调节本企业的收入及利润计划，认为调整收入，将已实现的收入延期记账。

（9）已开具的增值税发票丢失，又开具普通发票，不记收入。

图 10-6　销项税额方面避税

10.4　销项税额的避税与反避税

由于《新增值税税法》对适用税率做了较多的简化，并做出了划分标准，较好地解决了反避税问题，使混淆税率界限较为困难，利用税率避税已不大可能，纳税人只有从销售收入方面避税。这方面避税与反避税问题与消费税应税产品遇到的问题基本相同，因此这里主要谈谈实行增值税企业与缴纳消费税企业销售废品、下脚料收入的避税与反避税问题。

工业企业在生产过程中往往会出现废品和下脚料，并发生对其销售的业务。国家税务局规定，企业发生的废品、下脚料销售收入，属其他业务收入范

围，应依 17%的税率缴纳增值税。因为对增值的部分，在材料购进时均已按发票载明的税额计入了进项税额科目，计算了扣除税额，所以废品、下脚料的销售收入若不做销售处理，就等于少计算了销项税额，少计算了应缴税金，而减少了税收负担。然而废品、下脚料的销售问题，易被人们看成是小问题不予重视。

反避税的方面只能是加强税务检查。首先要了解纳税人有无废品、下脚料的销售业务，其次对下脚料、废品较多的企业要重点检查“营业外收入”账户的贷方发生额和“生产成本-基本生产成本”账户借方的红字冲销售情况。对数字可疑、摘要不详的业务，需调出记账凭证、原始凭据加以核实，将废品、下脚料收入调入其他业务收入，并补征增值税。

10.5 成本方面的避税行为

企业在成本方面也可以通过一些方法进行避税，主要有几方面的内容，如图 10-7 所示。

（1）在材料上的避税。

（2）在工资上的避税。

（3）在固定资产上的避税。

（4）在待摊费用和预提费用上的避税。

图 10-7 成本方面避税方法

1. 在材料上的避税

企业生产过程中所需材料的购入价格随市场商品价格的波动而发生变化，供不应求时，价格上涨；反之则价格下跌。材料是企业产品的重要组成部分，材料价格是生产成本的重要部分，因此，材料价格波动必然影响产品成本变动。在材料市场价格处于经常变动的情况下，材料费用如何计入成本，直接影响当期成本值的大小，通过成本影响利润，进而影响所得税的大小。根据我国财务制度规定，企业材料费用计入成本的计价方法有以下几种，如图 10-8 所示。

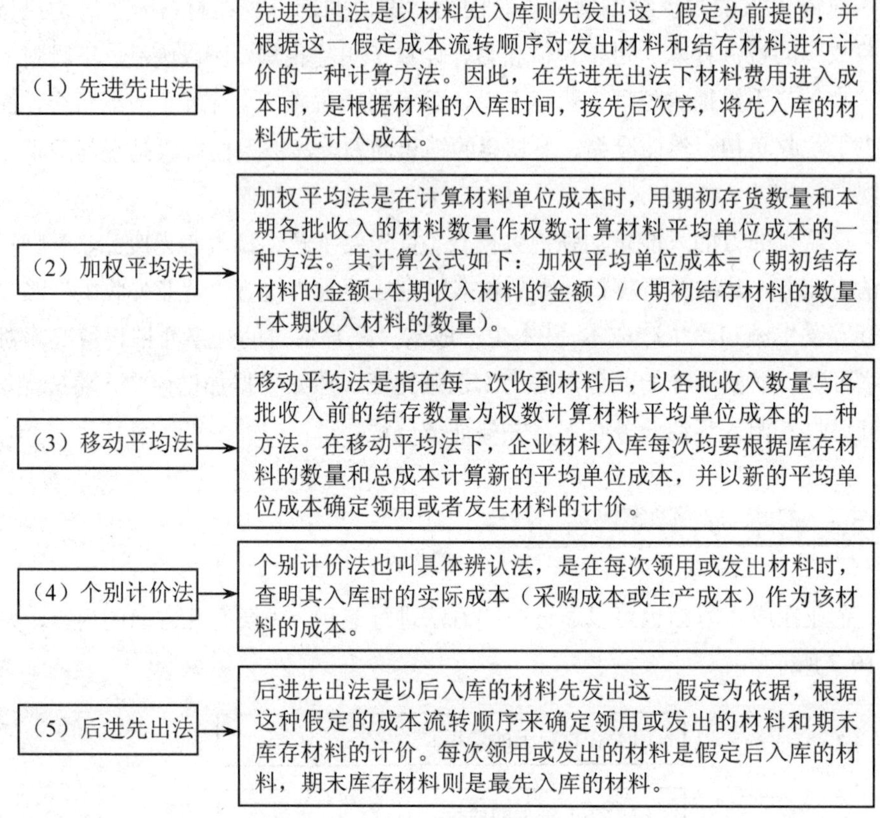

（1）先进先出法	先进先出法是以材料先入库则先发出这一假定为前提的，并根据这一假定成本流转顺序对发出材料和结存材料进行计价的一种计算方法。因此，在先进先出法下材料费用进入成本时，是根据材料的入库时间，按先后次序，将先入库的材料优先计入成本。
（2）加权平均法	加权平均法是在计算材料单位成本时，用期初存货数量和本期各批收入的材料数量作权数计算材料平均单位成本的一种方法。其计算公式如下：加权平均单位成本=（期初结存材料的金额+本期收入材料的金额）/（期初结存材料的数量+本期收入材料的数量）。
（3）移动平均法	移动平均法是指在每一次收到材料后，以各批收入数量与各批收入前的结存数量为权数计算材料平均单位成本的一种方法。在移动平均法下，企业材料入库每次均要根据库存材料的数量和总成本计算新的平均单位成本，并以新的平均单位成本确定领用或者发生材料的计价。
（4）个别计价法	个别计价法也叫具体辨认法，是在每次领用或发出材料时，查明其入库时的实际成本（采购成本或生产成本）作为该材料的成本。
（5）后进先出法	后进先出法是以后入库的材料先发出这一假定为依据，根据这种假定的成本流转顺序来确定领用或发出的材料和期末库存材料的计价。每次领用或发出的材料是假定后入库的材料，期末库存材料则是最先入库的材料。

图 10-8　材料记入成本的计价方法

上述 5 种不同的计价方法，产生的结果对企业成本、利润及税额的影响是不同的，这既是企业财务管理的重要步骤，也是税收筹划的重要内容。

一般来说，材料价格总是不断上涨的，后进的材料先出去，计入成本的费用就高，而先进先出法势必使计入成本的费用相对较低。企业可根据实际情况，灵活选择使用。如果企业正处于所得税的免税期，企业获得的利润越多，其得到的免税额就越多，这样，企业就可以通过选择先进先出计算材料费用，以减少材料费用的当期摊入，扩大当期利润；相反，如果企业正处于征税期，其实现利润越多，则缴纳所得税越多，那么，企业就可以选择后进先出法，将当期的材料费用尽量扩大，以达到减少当期利润，少缴纳所得税的目的。

作为企业内部核算的具体方法，材料计价法是通过利用市场价格水平变动的差异来达到避税目的。由于商品的市场价格总是处于变动状态之中，政府对商品市场上的价格控制也总是有一定的限度，这就为企业利用价格变动而使自

己得到最大利益创造了前提。对材料费用计算而言，企业获得最大利益的基本手段就是选择材料计价法，即根据企业具体情况，选择最有利的计价方法，以达到少缴税的目的。但是国家规定，企业一旦选定了某一种计价方法，在一定时期内不得随意变更，这使得企业在选择材料计价方法时，应慎而又慎，长短期利益兼顾。

2. 在工资上的避税

税务部门在对工资进行检查时，应将工资表上的职工人数和劳动人事部门掌握的职工人数、劳务调配手续、出勤考核记录进行核对，看是否有虚列职工人数，从而加大成本的问题，一旦发现问题核实后，在调减工资的同时，应同时调减应付福利费，补征所得税并给予处罚。

税务部门在检查企业的工资成本时，如果发现工资成本上升幅度较大，应注意审查“应付工资”账户借方发生额的记账凭证及所附的原始凭证，检查加班津贴的发放是否正确。对工业企业要同时核对“产成品”、“自制半成品”明细账，看节假日期间是否有产成品、半成品入库，若只有节假日加班而没有节假日产品入库，很可能是虚列加班津贴，问题核实后，要求企业调账并补缴所得税。

工资上，有两方面的避税方式，如图 10-9 所示。

（1）做假工资表虚报冒领工资多提福利费。
- 企业为了加大成本，减少利润，减少所得税的缴纳。
- 建立自己的小金库，多提福利费，弄虚作假。
- 以假工资表的手段，用空额工资加大成本，使提取出来的空额工资形成小金库用于一些不合理开支。
- 加大了计提福利费的基数，多提福利费进一步增加了成本，截留了利润，逃避了这两部分所得税的缴纳。

（2）滥发加班津贴，加大成本费用开支。
- 企业在发放加班工资时，弄虚作假。
- 不按实际加班人数、标准发放，扩大发放范围，发放标准。
- 无加班也虚发加班津贴。
- 加大了成本，减少了所得税的缴纳。

图 10-9 工资上的避税方式

3. 在固定资产上的避税

固定资产的安装费属于固定资产原值的组成部分，当企业购置需要安装的固定资产时，应将安置费计入固定资产原值，然后按国家规定选择一定的折旧计提办法，计提固定资产折旧，逐步收回固定资产的价值。但企业为了加速折旧，减少本期利润，少纳所得税，便将固定资产的安装费以修理费的名义直接记入“制造费用”账户，通过制造费用的分配，加大生产成本，减少本期应纳的所得税，达到避税目的。固定资产的计价按下列原则进行避税处理，如图10-10所示。

（1）建设单位交付完工的固定资产，根据建设单位交付使用的财产清册中所确定的价值计价。

（2）自制、自建的固定资产，在竣工使用时按实际发生的成本计价。

（3）购入的固定资产，按购入价加上发生的包装费、运杂费、安装费以及缴纳税金后的价值计价。从国外引进的设备按设备的买价加上进口环节的税金、国内运杂费、安装费等后的价值计价。

（4）以融资租赁方式租入的固定资产，按照租赁协议或者合同确定的价款加上运输费、途中保险费、安装调试费以及投入使用前发生的利息支出和汇兑损益等的价值计算。

（5）接受赠予的固定资产，按发票所列金额加上由企业负担的运输费、保险费、安装调试费等确定；无所附发票的，按同类设备的市价确定。

（6）盘盈的固定资产，按同类固定资产的重置完全价值计价。

（7）接受投资的固定资产，应当按该资产折旧程度，以合同、协议确定的合理价格或评估确认的价格确定。

（8）在原有固定资产基础上进行改扩建的，按照固定资产的原价，加上改扩建发生的支出，减去改扩建过程中发生的固定资产变价收入后的金额确定。

图10-10　固定资产避税

4. 在待摊费用和预提费用上的避税

（1）人为缩短摊销期限。

按照新会计制度的规定，待摊费用账户核算企业已经支出应由本期和以后

各期分别负担的分摊期在一年以上的各项费用，如低值易耗品摊销、出租出借包装物摊销、预付保险费、应由销售产品分摊的中间产品税金、固定资产修理费用以及一次购买印花税票和一次缴纳印花税税额较大需分摊的数额等。

一些企业往往利用待摊费用账户，调节企业的产品成本高低，不按规定的摊销期限、摊销数额，转入“制造费用”、“产品销售费用”、“产品销售税金”等账户，而是根据产品成本的高低，人为地缩短摊销期，特别是在年终月份，往往将应分期摊销的费用，集中摊入产品成本，加大摊销额，截留利润。

（2）虚列预提费用。

按照新会计制度的规定，预提费用账户核算企业预提但尚未实际支出的各项费用，如预提的租金、保险费、借款利息、修理费用等。

由于预提费用是预先从各个有关费用账户提取，但尚未支付的费用，提取时直接加大“制造费用”、“管理费用”、“财务费用”等，却不需要以正式支付凭证为依据入账，待实际支付使用后再从预提费用中列支。一些企业为了减少本期应纳的所得税，在使用预提费用账户时，人为地扩大预提费用的计提范围，提高计提标准。甚至有的企业虚列预提费，实际提而不用长期挂账，或通过加大“制造费用”，加大本期的产品成本，或通过加大“管理费用”、“财务费用”，直接截留利润，直接减少本期应纳的所得税。

10.6　根据税种特点进行的避税行为

税种不同，避税的方式也不同，可以根据征收税种的特点，采取合理的避税行为。

1. 房产税方面的避税

房产税是以房屋为征税对象，按房产价值或租金收入征收的一种税。

对纳税人用于经营活动的自有房屋，依房产原值一次减去 10%～30%后的余值，按 1.2%的税率征税。对纳税人出租的房屋依租金收入按 12%的税率征税。

个别纳税人出租房产时，为了少纳房产税，进行避税活动，将房产出租给与本企业的经营活动有联系的企业，按低于市场上同类房产的出租价格收取租金，少收取的房租通过向对方企业购买低价原材料的方法来得到补偿。这样出租房产的一方面可以逃避一部分应纳的房产税，而承租房产的一方也可通过降低产品销售收入，逃避一部分流转税。

2. 车船使用税的避税

车船使用税是对我国境内拥有并且使用车船的单位和个人，按车船使用种类、数量、吨位，实行定额征收的一种税。

由于使用中的车船要纳税，有的企业采用把车船办理长期停用手续，逃避纳税，或未停用的车船虚报停用而不纳车船使用税。

另外，由于《车船使用税暂行条例》规定，对国家机关、人民团体、军队自用的车船，由国家财务部门拨付事业经费的单位自用的车船免税。但同时规定上述车船如出租或做营业用，照章纳税。一些国家机关、事业单位举办的附属工厂、校办企业及各种各样的公司，将本单位的免税车船用于生产经营活动，对外则称这部分车船完全用于机关、事业单位的业务活动，从而逃避车船使用税的缴纳。也有的机关、团体、事业单位将自己的车船出租给其他单位使用，而不就出租车船申报纳税。

3. 印花税方面的避税

印花税是在我国境内书立、领受应税凭证的单位和个人，就其书立、领受的凭证征收的一种税。

由于各种经济合同的纳税人是订立合同的双方当事人，计税依据是合同所载的金额。因此个别纳税人为了进行避税、偷税活动，在签订经济合同时，双方协商，签订两份合同，只一份如实填写，据此均可少纳印花税。

对这种行为，税务部门应依据税法，一经发现予以重罚，提高税法的威慑力，使纳税人在利益和风险的权衡上，减少逃税。

4. 土地增值税的避税

土地增值税的纳税义务人为转让国有土地使用权、地上的建筑物及其附着物并取得收入的单位和个人。

土地增值税的避税有以下途径，如图 10-11 所示。

（1）隐瞒、虚报房地产成交价格。

（2）加大扣除项目范围或房地产购进成本和费用。

（3）压低房地产的成交价格或提高房地产的评估价，买卖双方以其他形式互相补偿。

图 10-11　土地增值税避税途径

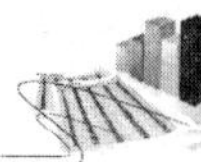

由于房地产的价格评估和管理是由有关部门掌握，因此反避税就需要同房管部门、土地管理部门密切联合，了解房地产的市场价格。

10.7 小结

本章为本书的最后一章，内容不多，只是简单地谈一谈关于避税问题，虽然我们应该依法纳税，但是避税也是难免的，只要利用合理的方式去避税，而不是去逃税，不弄虚作假，还是可以理解的。

附录1

城市维护建设税/教育费附加申请表

北京地方税务局城市维护建设税/教育费附加申请表

表号：×××××

税务计算机代码：

缴款书号码：

申报单位名称：税款所属日期：　年　月　日至　年　月　日

单位：元

税种名称	计税（费）税额	城市维护建设税				教育费附加			
		税率	应纳税额	已纳税额	本期应补（退）税额	费率	应纳附加额	已纳附加税	本期应补（退）附加额
营业税									
增值税									
消费税									
合计		——				——			

申报单位盖章：　　负责人签章：　　经办人员签章：

税务机关审理申报日期：　年　月　日　　审核人（签章）：

填表说明：1 纳税（费）义务人缴纳营业税、增值税、消费税后申报城市维护建设税和教育费附加时填写此表。

2 "计税税额"是指交纳的营业税、增值税、消费税税额。

3 "税率"是指申报单位所在地使用的城市维护建设税税率和教育费附加率。

4 纳税义务人随营业税、增值税、消费税规定的申报时间向当地地方税务机关报送此表。

5 此表一式二份，税务机关审核后留存一份，返回申报单位一份。

附录 2

土地增值税项目纳税申请表

土地增值税项目纳税申报表
（从事房地产开发的纳税人适用）

序号：□□□—□□□

税务登记证号码：□□□□□□□□□□□□□□□□ 税务计算机代码：□□□□□□□

项目名称： 填报日期： 年 月 日 面积单位：平方米

房地产栋号	购房单位名称	转让合同签订日期	转让土地面积	转让建筑面积	备注

填表说明：1 本表附同《土地增值税纳税申报表（一）》一起填报。
2 一个项目或一个栋号分次转让时，应分别按基本计税单位填报。
3 项目转让终了后，本表与土地增值税项目登记表，纳税申报表一同存档消号。
4 本表一式两份，送地方主管税务机关审核盖章后，由税务机关留存一份，退回申报单位一份。

附录3

印花税纳税申报表

北京市地方税务局印花税年度纳税申报表

表号：×××××

税款所属日期：　　年　月　日至　年　月　日　　　　金额单位：元

税务计算机代码			单位名称（公章）		联系电话	
税目		份数	计税金额	税率	已纳税额	
购销合同				0.3‰		
加工承揽合同				0.5‰		
建设工程勘察设计合同				0.5‰		
建筑安装工程承包合同				0.3‰		
财产租赁合同				1‰		
货物运输合同				0.5‰		
仓储保管合同				1‰		
借款合同				0.05‰		
财产保险合同				1‰		
技术合同				0.3‰		
产权转移书据				0.5‰		
账簿	资金账簿			0.5‰		
	其他账簿	件		5元		
权利许可证照		件		5元		
其他						
合计						

注：表中应填写已完税的各印花税应税凭证份数，所载计税的金额、已完税的税额、大额缴款、贴花完税均应填写本表

填表日期：　　年　月　日　　　　办税人员（签章）：　　　　财务负责人（签章）：